AF641456

HAZRAT INAYAT KHAN

MUSIK UND KOSMISCHE HARMONIE

Hazrat Inayat Khan

MUSIK UND KOSMISCHE HARMONIE

VERLAG
HEILBRONN

Titel der englischen Originalausgabe:
„The Sufi Message of Hazrat Inayat Khan"
Centennial Edition Volume II: „The Mysticism of Sound"
© Published by Sulūk Press an imprint of Omega Publications Inc., 2017

Hazrat Inayat Khan
Musik und kosmische Harmonie
Übersetzung: Amaité Anna-Elisabeth Willand
Lektorat: Uta Maria Baur, Susanne Dieminger, Aeoliah Christa Muckenheim
Umschlag: Martina Berge, www.martinaberge.de
Satz: Josef Ries
Titelfoto: Wasserklangbild (Mevlana 01): Alexander Lauterwasser
7. neu übersetzte und überarb. Auflg. 2023

Verlag Heilbronn
D-82398 Polling
www.verlag-heilbronn.de
info@verlag-heilbronn.de
Verkehrsnummer: 14894

Kontakt nach dem Produktsicherheitsgesetz:
Verlag Heilbronn
Kaiser-Heinrich-Straße 37
D-82398 Polling
info@verlag-heilbronn.de

ISBN 978-3-936246-49-0
Alle Rechte vorbehalten
© Verlag Heilbronn
Gedruckt in Tschechien

FSC
www.fsc.org
MIX
Papier | Fördert gute Waldnutzung
FSC® C010798

INHALT

EINLEITUNG

Musik ist die Harmonie des Lebens in Miniatur, verdichtet als Klang, und so kann die Grundlage der gesamten Schöpfung als Klang angesehen werden. Die Veden bezeichnen den Laut „Nada Brahma“, das erste Wort, als Schöpferkraft, als das Eine – das Geheimnis der Schöpfung war also in Nada, im „Wort“. Im Alten Testament heißt es: „Gott sprach: Es werde Licht! Und es wurde Licht.“ Und im Neuen Testament: „Am Anfang war das Wort, und das Wort war bei Gott, und das Wort war Gott.“ Eine Überlieferung, die dem Propheten Mohammed zugeschrieben wird, besagt, dass alle Propheten Gottes mit schönen Stimmen ausgestattet waren. *Sama* („Zuhören“), die sufische Praxis des spirituellen Hörens, soll ihren Ursprung in der Freude des ersten Schöpfungstages haben, als die Seele durch die Musik der göttlichen Stimme in Verzückung und Ekstase geriet.

„Die Schöpfung ist die Musik Gottes“, sagt der Musiker, Musikpädagoge und Sufi-Mystiker Hazrat Inayat Khan. Mit anderen Worten: Das Universum ist aus der Musik Gottes hervorgegangen, die in der ganzen Natur erklingt und sich offenbart. Daher haben die Weisen aller Zeitalter die Musik als heilige Kunst betrachtet; sie ist eine Spiegelung der kosmischen und metakosmischen Musik der Schöpfung. Durch sie finden Gottsuchende ihren Weg und können dadurch in Harmonie mit dem Namenlosen, dem Unendlichen kommen.

Musik gilt, im Sinn klassischer Überlieferung, als eine vollkommene und universelle Sprache, durch deren authentische Anwendung sich Charakter und Persönlichkeit entwickeln, verfeinern und inspirieren lassen. Wer auf dem Weg der Musik stufenweise vorangeht, kann am Ende die höchste Vollkommenheit erreichen.

Alle Probleme der Welt gehen auf einen Mangel an Harmonie zurück – äußere Erschütterungen der Gegenwart wie der Vergangenheit erzeugen immer wieder Unsicherheit und Trennung. Als Menschheit stoßen wir zunehmend an gewisse Grenzen, seien sie ökologischer, kultureller oder sozialer Natur. Gleichzeitig erkennen wir, dass eine lineare Fortsetzung der bisherigen Lebensweise aus einer begrenzten Perspektive nicht zukunftsfähig ist. Wir brauchen mehr denn je Harmonie und Gleichgewicht, um zusammen mit unserer Erde, die C. G. Jung als Anima Mundi, als „Seele" bezeichnete, vollkommene Verwirklichung erreichen zu können. Der Rhythmus des Kosmos und die Stimmen der Natur können uns helfen zu entdecken, wie alles auf Erden zur Harmonie beträgt. Inayat Khan: „Mit jedem Schritt aus dem inneren Wesen nach außen ist da ein augenscheinlicher Fortschritt, ... doch jeder Schritt in die äußere Erscheinungswelt bringt Begrenzung und Abhängigkeit mit sich." Es geht darum, wieder zur Mitte des inneren Wesens zu finden, zur Quelle des Lebens. Und es ist nicht zuletzt die Musik, durch die unser universales und integrales Bewusstsein weiterentwickelt werden kann, um schließlich Geist und Seele aus dieser Begrenzung zu befreien. „Unbegrenzter Klang, in den Veden *anahad* gennant, bei den Sufis *sarmad*, geht mit der Befreiung der Seele von der Begrenzung der Sinne im physischen Körper einher. Man sagt, wer diesen Klang hören kann und darauf meditiert, ist von allen Bedenken, Befürchtungen, Sorgen, Ängsten und Krankheiten befreit. In der vorliegenden Metaphysik von „Harmonie und Schwingung" – jenen natürlichen, psychologischen und geistigen Gesetzen – zeigt uns Inayat Khan, dass wir die Kluft zwischen dissonanten Tönen überwinden können. So erkennen wir, dass die, im Leben wie in der Musik vorhandene Dynamik der Schattenseiten sogar nährend für uns Menschen ist.

Die großen Meisterinnen und Meister der Menschheit gingen davon aus, dass alles Sichtbare die Manifestation des Einen Unsichtbaren, Numinosen ist. Alles Erschaffene schwingt und klingt in unendlichen Kreisen ineinander und miteinander: der Tanz der Sterne, der Tanz der Atome, der Tanz der Seele; alles singt das erhabene Lied der Schöpfung. Auch die Seele des Menschen ist Musik und sehnt sich nach Musik, nach jener Musik, die sie auf den Weg zur Vollkommenheit und Erfüllung führen kann. Die Sprache ist meist nur ihre profane Spiegelung, und es geht darum, die Seele wieder auf den ihr eigenen Ton zu stimmen, durch den sie das Unendliche erfahren kann.

Welches ist nun die „wahre" Musik? „Die höchste und vollkommenste Komposition ist jene, die dem Leben Ausdruck verleiht, dem Charakter, den Empfindungen und Gefühlen, denn hier geht es um die innere Welt, die nur vom inneren Auge gesehen, vom inneren Ohr gehört werden kann, – es ist jene Musik, die uns Menschen in unserer geistigen Entfaltung unterstützt.

Im übertragenen Sinn geht es darum, zu erkennen, worin unser eigenes Leben und die immerwährende Schöpfung zum Ausdruck kommen kann und wie wir unseren Beitrag dazu leisten. Aber nur, wenn wir die Schönheit der Schöpfung sehen und erkennen, können wir die uns in diesem Leben anvertraute Aufgabe meistern. Dann verschwinden die dissonanten Töne, indem sie in immer tiefere Harmonien eingebunden werden und dadurch einen heilenden und heilsamen Prozess in Gang bringen.

Musik ist nach Inayat Khan die Kunst aller Künste und die Wissenschaft aller Wissenschaften; und sie enthält die Quelle aller Erkenntnis. Sie wird als göttliche oder himmlische Kunst bezeichnet, nicht nur, weil sie in religiösen Ritualen Anwendung findet, sondern aufgrund ihrer Subtilität im Vergleich mit allen anderen Künsten und Wissenschaften. So steht Musik quasi vor der Seele, ohne irgendeinen Abdruck von Name oder Form der objektiven Welt der Dinge, und sie bereitet die Seele darauf vor, die Unendlichkeit, das Numinose zu begreifen. In Kenntnis dieser Tatsache nennen Sufis Musik *„ghiza-i-ruh"*, das heißt Nahrung der Seele und des Geistes, kurz gesagt: Seelennahrung. Sie nutzen sie als Quelle spiritueller Vollkommenheit.

Der Kreis der „Kosmischen Harmonie der Musik" schließt sich im letzten Kapitel. Hier geht es um den abstrakten Klang, der von Mystikern wahrgenommen werden kann und sich in Heiligen Namen manifestiert. Der Koran bezieht sich auf diesen Klang in den Worten „Sei! – und alles wurde". Moses hörte auf dem Berg Sinai in der Kommunion mit Gott genau diesen Klang; auch Christus hörte dieses Wort, als er in der Wüste in seinem Himmlischen Vater aufging. Shiva hörte denselben *anahad nada* im Samadhi in seiner Höhle im Himalaja. Die Flöte Krishnas ist, allegorisch gesehen, ein Symbol für diesen Klang. Er ist die Quelle aller Offenbarungen, die den Meistern und Meisterinnen von innen heraus geschenkt wurde, und deshalb kennen und lehren sie alle ein und dieselbe Wahrheit. Das Anrufen Gottes, des Einzigen Wesens mit diesen Namen, die uns von spirituellen Lehrerinnen und Lehrern anvertraut werden, ist daher in allen Religionen und Traditionen jene große, heilige Übung, durch die das universale Bewusstsein, die reine Intelligenz, langsam erweckt und ausgedehnt wird und sich bei entsprechender Praxis organisch entfaltet.

Nach der metaphysischen Deutung einiger Gottesnamen – wie das Wort Allah, das im Arabischen Gott bedeutet sowie das Eine, das aus dem Nichts entstand; und die damit verwandten Worte Eloi, Elohim und Halleluja, die wir in der Bibel finden – endet Inayat Khan mit den Worten: „Durch das Licht der Seele erkenne ich, dass die Schönheit der Himmel und die Großartigkeit der Erde das Echo Deiner magischen Flöte sind."

Die Herausgeber
Polling, im Oktober 2022

DAS STILLE LEBEN

DAS STILLE LEBEN

Das absolute Leben, aus dem all das hervorging, was fühlbar, sichtbar und wahrnehmbar ist, und mit dem irgendwann alles wieder eins wird, ist ein stilles, bewegungsloses und ewiges Leben; es wird von den Sufis *zat* genannt. Jede Bewegung, die aus diesem stillen Leben hervorbricht, ist selbst Schwingung und erzeugt ihrerseits Schwingungen. Innerhalb einer Schwingung werden viele weitere Schwingungen erzeugt. So wie Bewegung weitere Bewegungen auslöst, wird auch das stille Leben in einem bestimmten Teil aktiv und produziert jeden Augenblick immer weitere Aktivitäten. Dadurch verliert es den Frieden des ursprünglichen stillen Lebens. Der Grad der Aktivität dieser Schwingungen bedingt die verschiedenen Ebenen der Existenz. Wir stellen uns diese Ebenen als verschieden voneinander vor, aber in Wirklichkeit können sie nicht völlig voneinander gelöst und getrennt betrachtet werden. Die Aktivität der Schwingungen lässt sie immer dichter werden; auf diese Weise wird die Erde aus den Himmeln geboren.

Das Mineral-, Pflanzen-, Tier- und Menschenreich besteht aus graduellen Schwingungsveränderungen; die Schwingungen jeder Ebene unterscheiden sich voneinander in Bezug auf Gewicht, Breite, Länge, Farbe, Wirkung, Klang und Rhythmus. Wir Menschen bestehen nicht nur selbst aus Schwingungen, wir leben und bewegen uns auch in ihnen: Wir sind von ihnen umgeben, wie ein Fisch von Wasser umgeben ist, und sind mit ihnen gefüllt, wie ein Tank mit Wasser gefüllt ist. Unsere verschiedenen Stimmungen, Vorlieben, Beschäftigungen, Erfolge und Niederlagen und überhaupt alle Gegebenheiten des Lebens hängen von einer spezifischen Schwingungsaktivität ab, seien dies nun Gedanken, Emotionen oder Gefühle. Für die Unterschiedlichkeit der Dinge und Lebewesen ist die Richtung der Schwingungen verantwortlich. Die Aktivität der Schwingungen ist die Grundlage der Sinneswahrnehmung und die Quelle allen Vergnügens und allen Schmerzes; ihr Stillstand ist das Gegenteil von Sinneswahrnehmung. Alle Sinneswahrnehmungen werden durch jeweils charakteristische Schwingungsfrequenzen hervorgerufen.

Die beiden Aspekte der Schwingung – fein und grob – umfassen jeweils viele Frequenzen. Einige werden von der Seele, einige vom Geist und einige von den Augen wahrgenommen. Die Seele nimmt Gefühle wahr; der Geist erfasst Gedanken; die Augen sehen Schwingungen, die aus ihrem ätherischen Zustand heraus verdichtet wurden und sich in Atome verwandelten. Diese werden in der physischen Welt sichtbar und erzeugen die Elemente Äther, Luft, Feuer, Wasser und Erde. Die feinsten Schwingungen können nicht einmal von der Seele wahrgenommen werden. Aus diesen Schwingungen wird die Seele selbst geformt und durch deren Aktivität wird sie sich ihrer selbst bewusst.

Die Schöpfung beginnt mit der Aktivität des Bewusstseins, die wir auch Schwingung nennen können. Alle Schwingungen, die aus ihrer Urquelle hervorgehen, sind gleich, sie unterscheiden sich nur durch Ton und Rhythmus, verursacht durch mehr oder weniger dahinterstehende Kraft. Auf der Ebene des Klangs lässt diese Schwingung die Mannigfaltigkeit der Töne entstehen, in der Welt der Atome die Vielfalt der Farben. Durch ihre Ansammlung werden die Schwingungen hörbar; je weiter sie zutage treten, desto mehr vervielfachen sie sich, und im Fortschreiten materialisieren sie. Der Klang liefert dem Bewusstsein einen Beweis seiner Existenz, obwohl sich in Wirklichkeit ja der aktive Teil des Bewusstseins selbst in Klang verwandelt. Der Erkennende erkennt sich sozusagen selbst; anders ausgedrückt: Das Bewusstsein erkennt sich durch seine eigene Stimme. Deshalb macht Klang einen so tiefen Eindruck auf Menschen. Da alle Dinge aus Schwingung entstanden sind und bestehen, tragen sie in sich verborgen Klang, so wie der Zündstein Feuer in sich birgt. Jedes Atom im Universum bekennt durch seinen Ton: „Mein Ursprung ist allein der Klang." Wann immer ein fester oder hohler Körper angeschlagen wird, antwortet er: „Ich bin Klang."

Klang hat seine Geburt, seinen Tod, sein Geschlecht, seine Form, seinen Planeten, seinen Gott, seine Farbe, seine Kindheit, seine Jugend und sein Alter; doch jene Lautstärke des Klangs, die im Abstrakten, jenseits der Sphäre des Konkreten liegt, ist die Basis und der Ursprung allen Klangs.

Sowohl Klang als auch Farbe haben gemäß des Gesetzes der Harmonie Wirkung auf die menschliche Seele; eine feine Seele findet Farbe anziehend, eine noch feinere Seele liebt Klang. Da alle Elemente aus unterschiedlichen Schwingungsfrequenzen bestehen, hat jeder Ton, je nach Element, entweder eine wärmende oder kühlende Wirkung. Deshalb kann Klang sowohl angenehme als auch unangenehme Effekte auf den menschlichen Geist und Körper ausüben. Zudem hat er heilende Wirkung, wenn keine Kräuter oder Drogen zur Verfügung stehen, auch wenn diese selbst gleichermaßen aus Schwingungen entstanden.

Manifestationen werden also aus Schwingungen gebildet. Die Planeten sind die ersten Manifestationen, wobei jeder Planet seinen eigenen Grundton hat; so repräsentiert jede Note einen Planeten. Jedes Individuum hat daher einen eigenen Ton, der dessen Geburtsplaneten entspricht; deshalb spricht ein bestimmter Ton auch eine bestimmte Person an, der dem Grad der Evolution dieser Person entspricht.

Jedes Element hat einen spezifischen Klang; im feineren Element erweitert sich der Wirkungskreis des Klangs, im gröberen Element verengt er sich. Deshalb ist er im ersten deutlich, im zweiten undeutlich.

Das Element Erde beinhaltet verschiedene Aspekte der Schönheit und der Vielfalt ihres Klangs. Ihr Ton liegt an der Oberfläche, die Form ist wie die des zunehmenden Mondes, und ihre Farbe ist gelb. Der Klang von Erde ist dunkel und dumpf und er ruft Erregung, Aktivität und Bewegung im Körper hervor. Alle Instrumente mit Saiten aus Stahl und Darm, sowie alle Schlaginstrumente wie Trommeln und Zimbeln, stellen den Klang von Erde dar.

Der Klang des Wassers ist unergründlich, seine Form wellenförmig, seine Farbe Grün – er kann am besten im Brausen des Meeres gehört werden. Der Klang von fließendem Wasser, von Bergbächen, das Nieseln und Prasseln von Regen, der Klang des Wassers, wenn es aus einem Krug in ein Becken gegossen wird, aus einer Leitung in eine Wanne, aus einer Flasche in ein Glas, alle haben einen weichen und belebenden Effekt, regen die Fantasie an und rufen spontane Einfälle, Träume, Rührung und Emotion hervor. Das Instrument des Wassers wird *jaltarang*[1] genannt. Das ist eine Zusammenstellung von Porzellanschalen oder Gläsern, die der Größe nach angeordnet und, entsprechend der gewünschten Tonleiter, mit Wasser gefüllt werden. Mehr Wasser lässt den Ton tiefer werden, weniger erhöht ihn. Dieses Instrument wirkt auf das Herz sehr berührend.

Der Klang des Feuers ist schrill, seine Form ist gekräuselt und seine Farbe Rot. Wir hören ihn im Blitzschlag, in einem Vulkanausbruch, im Klang des auflodernden Feuers, den Geräuschen von Knallfröschen, Krachern, Gewehren, Pistolen und Kanonen. Alle haben die Tendenz, Furcht zu erzeugen.

Der Klang der Luft ist schwankend, seine Form verläuft im Zickzack und seine Farbe ist Blau. Seine Stimme hören wir in

---

1 Jaltarang: Indisches Musikinstrument, was traditionell zur Musiktherapie eingesetzt wird. jal = Wasser; tarang = Welle

Stürmen, wenn der Wind weht, und im Flüstern der Morgenbrise. Die Wirkung ist aufbrechend, mitreißend und durchdringend. Der Klang der Luft findet in allen Blasinstrumenten aus Holz, Messing und Bambus Ausdruck; er entfacht sanft das Feuer des Herzens, wie Rumi[2] in seinem „Masnavi“[3] über die Flöte schreibt. In Indien wird Krishna immer mit einer Flöte dargestellt. Der Klang der Luft überwältigt alle anderen Klänge, denn er ist lebendig und bewirkt in allen Aspekten seines Einflusses Ekstase.

Der Klang von Äther ruht in sich und beinhaltet alle Formen und Farben. Er ist der Urgrund aller Klänge und der immerwährende Grundton. Sein Instrument ist der menschliche Körper, durch ihn kann er hörbar gemacht werden. Obwohl er alles durchdringt, ist er nicht hörbar. Er verwirklicht sich in uns Menschen, wenn wir unseren Körper von Materiellem reinigen. Der Körper kann sein geeignetes Instrument werden, wenn der innere Raum geöffnet wird und alle Kanäle und Adern in ihm frei sind. Dann wird der Klang, der äußerlich im Raum existiert, auch innerlich manifest. Die Wirkungen dieses Klanges sind Ekstase, Erleuchtung, Ruhe, Furchtlosigkeit, Glückseligkeit, Freude und Offenbarung. In manchen manifestiert er sich von sich aus, in anderen, wenn sie in einem negativen Zustand sind, weil ihr Körper oder Geist schwach ist; für keinen von beiden ist es ein Gewinn, sondern bewirkt, dass sie unnatürlich werden. Dieser Klang erhebt nur jene, die sich durch die heiligen Übungen, die den Mystikern bekannt sind, dafür geöffnet haben.

Der Klang von Erde und Wasser zusammen ist sanft und fein.

---

2 Jalal ad-Din Muhammad ar-Rumi – kurz Rumi genannt, war ein persischer Sufi-Mystiker, Gelehrter und einer der bedeutendsten persischsprachigen Dichter des Mittelalters. Von seinen Anhängern, insbesondere den Derwischen, erhielt er den Beinamen (türkisch) Mevlana), „unser Herr/Meister“. Nach ihm ist der Mevlevi Derwisch-Orden benannt.

3 „Masnavi“: Das mit 30.000 Doppelversen abgefasste Werk von Jalal ad-Din Rumi heißt Masnawi e Manawi.

Der Klang von Erde und Feuer ruft Rauheit hervor. Der Klang von Erde und Luft hat Stärke und Kraft. Der Klang von Wasser und Erde hat eine lebendige und erquickende Wirkung. Der Klang von Wasser und Äther wirkt besänftigend und beruhigend. Der Klang von Feuer und Luft wirkt erschreckend und furchterregend. Der Klang von Feuer und Äther hat eine aufbrechende und befreiende Wirkung. Der Klang von Luft und Äther bewirkt Ruhe und Frieden.

DAS LEBEN IST SCHWINGUNG

DAS LEBEN IST SCHWINGUNG

Das stille Leben erfährt sich selbst durch Aktivität im Äußeren. Verglichen mit dem aktiven Leben in der äußeren Welt erscheint das stille Leben wie der Tod. Nur Weise empfinden das ewige Leben erstrebenswerter, denn das sterbliche Leben wandelt sich ständig und existiert nur im Augenblick. Das Leben in der äußeren Welt scheint das wirkliche Leben zu sein, weil wir in diesem Leben alle Freude erfahren.

Im stillen Leben gibt es keine Freude, nur Frieden. Das ursprüngliche Wesen der Seele ist Frieden, ihre Natur ist Freude. Die beiden arbeiten gegeneinander. Dies ist die geheime Ursache der ganzen Tragödie des Lebens. Ursprünglich hat die Seele keinerlei Erfahrungen. Sie erlebt alles erst dann, wenn sie ihre Augen für die äußere Ebene öffnet und dann offen hält, um das Leben zu genießen, bis sie satt ist. Dann erst beginnt die Seele ihre Augen für die äußere Welt zu verschließen und unablässig nach dem Frieden zu streben, der ihr ursprünglicher Zustand ist.

Der innere und essenzielle Teil eines jeden Wesens besteht aus feinen, der äußere Teil aus groben Schwingungen. Den feineren Teil nennen wir Geist, den gröberen Materie, wobei der erste dem Wandel und der Zerstörung weniger ausgesetzt ist als der zweite. Alles Lebendige ist Geist und alles Sterbliche ist Materie; alles, was im Geist stirbt, ist Materie, und alles, was in der Materie lebt, ist Geist. Alles, was wir sehen und fühlen können, erscheint uns lebendig, obwohl es dem Tod und der Zerstörung ausgesetzt ist und jeden Moment wieder in sein feineres Element aufgelöst wird. Doch die menschliche Sicht ist durch ihre Aufmerksamkeit für die scheinbare Welt so verblendet, dass der Geist, der tatsächlich lebendig ist, durch die materielle Hülle verdeckt und sein wahres Wesen verborgen wird. Die allmählich sich erhöhende Aktivität bewirkt, dass sich die Schwingungen materialisieren; durch die schrittweise Verringerung der Aktivität verwandeln sie sich wieder in Geist. Wie bereits gesagt, durchlaufen Schwingungen fünf unterschiedliche Phasen, während sie sich vom Feinen ins Grobe wandeln; und die Elemente Äther, Luft, Feuer, Wasser und Erde haben je ihren eigenen Geschmack, ihre eigene Farbe und Form. Der Zyklus der Elemente bringt sie alle zu gegebener Zeit an die Oberfläche. Bei jedem Schritt ihrer Aktivität verändern sie sich und werden voneinander unterscheidbarer; indem diese Elemente sich zu Gruppen zusammenschließen, bringen sie die Vielfalt der objektiven Welt hervor. Das Gesetz, das sie dazu bringt, sich wieder aufzulösen, nennen wir Zerstörung.

Schwingungen werden zu Atomen, und Atome generieren das, was wir Leben nennen; ihr Zusammenschluss formt durch die natürliche Anziehungskraft ein lebendiges Gebilde. Wenn der Atem sich dann in dieser Form manifestiert, erhält dieser Körper Bewusstsein.

In jedem Einzelwesen sind viele zarte, kleine Wesen verborgen; im Blut, in den Gehirnzellen, in der Haut und auf allen Ebenen unserer Existenz. Wie im Körperwesen eines Individuums viele kleine Keime, die genauso Lebewesen sind, geboren und genährt werden, so gibt es auch auf der Mentalebene viele Wesen, die sogenannten *muwakkals*[1] oder Elementale, noch subtilere Wesenheiten, die unseren eigenen Gedanken entspringen. Und wie die Keime in unserem physischen Körper leben, so bewohnen die Elementale unsere Gedankenwelt. Meist stellen wir uns Gedanken als etwas Lebloses vor. Wir erkennen nicht, dass sie

1 Muwakkal (arabisch): „Ernannte Hüterin, eingesetzter Bewahrer“, ein Elemental

lebendiger sind als die physischen Keime und Geburt, Kindheit, Jugend, Alter und Tod kennen. Je nach ihrer Wesensart wirken sie zu unserem Vorteil oder Nachteil. Sufis erschaffen, gestalten und beherrschen sie. Sufis trainieren und regieren sie ihr ganzes Leben lang. Sie bilden ihre Armee und führen ihre Wünsche aus. Wie Keime unsere Körper bilden und Elementale unsere Gedankenwelt, so formen Engel unser spirituelles Dasein. Sie werden *farishtas* genannt.

In der Regel haben Schwingungen sowohl Länge als auch Breite; manche existieren nur den kleinsten Bruchteil einer Sekunde, manche den größten Teil des Weltzeitalters.

Während sie hervorschnellen und eine Schwingung die nächste erzeugt, erschaffen sie unterschiedliche Formen, Gebilde und Farben; so erwachsen Myriaden von Schwingungen aus einer einzigen. Auf diese Weise entstehen Kreise um Kreise übereinander und untereinander, die gemeinsam das Universum erschaffen. Jede Schwingung kehrt nach ihrer Manifestation wieder in ihre Urquelle zurück.

Die Reichweite der Schwingungen richtet sich nach der Feinheit der Ebene ihres Ausgangspunktes. Um es deutlicher auszudrücken: Das Wort, das die Lippen sprechen, kann nur die Ohren der Zuhörenden erreichen, vom Verstand ausgehende Gedanken hingegen reichen weit hinaus und springen von Geist zu Geist. Gedankenschwingungen sind viel stärker als die der Worte. Innige Empfindungen eines Herzens können die Herzen anderer durchdringen. Sie sprechen lautlos und breiten sich in der Umgebung aus, sodass die Atmosphäre einer Person deren Gedanken und Emotionen kundtut. Am weitreichendsten und mächtigsten sind die Schwingungen der Seele. Sie fließen wie elektrischer Strom von Seele zu Seele.

Alle Dinge und Wesen im Universum sind sichtbar oder unsichtbar miteinander verbunden, durch Schwingungen wird zwischen ihnen eine Kommunikation in allen Ebenen der

Existenz aufgebaut.

Ein Beispiel aus dem Alltag: Wenn jemand in einer Versammlung hustet, fangen viele andere an, dasselbe zu tun. Das Gleiche gilt für Gähnen, Lachen, Begeisterung und Niedergeschlagenheit. Dies zeigt, wie Schwingungen die Verfassung eines Wesens auf die anderen übertragen. Auf diesem Weg erkennen die Weisen die Vergangenheit, Gegenwart und Zukunft und nehmen Zustände auf allen Ebenen der Existenz wahr. Schwingungen breiten sich durch das Band der Anteilnahme aus, das zwischen den Menschen und ihrer Umgebung besteht; sie enthüllen vergangene, gegenwärtige und zukünftige Bedingungen. Das erklärt, warum Hundegeheul den Tod ankündigt und das Wiehern von Pferden das Herannahen von Gefahr. Dies kommt jedoch nicht nur bei Tieren vor, sogar Pflanzen beginnen in Zeiten der Trauer abzusterben und Blumen verwelken, während sie in glücklichen Zeiten wachsen und gedeihen. Der Grund dafür, dass Pflanzen und Tiere diese Schwingungen wahrnehmen können und von zukünftigen Ereignissen wissen, während Menschen davon nichts mitbekommen, ist, dass die Menschen durch ihre Selbstbezogenheit erblindet sind.

Der Einfluss der Schwingungen bleibt auf dem Stuhl, auf dem wir sitzen, in dem Bett, in dem wir schlafen, in dem Haus, in dem wir wohnen, in den Kleidern, die wir tragen, im Essen, das wir zu uns nehmen und sogar auf der Straße, die wir entlanggehen.

Jede Emotion entsteht aus der Intensität der Schwingungsaktivität, die, wenn sie in verschiedene Richtungen aktiv ist, verschiedene Emotionen hervorruft. Dabei ist die Aktivität selbst die Hauptursache jeglicher Emotion. Jede Schwingung hebt, während sie aktiv ist, das Bewusstsein bis an die äußerste Oberfläche. Der dadurch verursachte Nebel sammelt sich zu Wolken, die wir Emotionen nennen. Wolken der Emotion verdecken die klare Sicht der Seele. Deshalb wird Leidenschaft blind genannt. Übermäßige Schwingungsaktivität blendet uns nicht nur, sie schwächt auch den Willen, und ein schwacher Wille entkräftet Geist und Körper.

Die Beschaffenheit der Schwingungen, auf die eine Person gestimmt ist, bestimmt die eigene besondere Seelen-Note dieser Person. Die unterschiedlichen Tonstufen dieser Noten bilden eine Vielzahl von Frequenzen, die von den Mystikern in drei verschiedene Klassen eingeteilt werden. Erstens die Stufe, die Kraft und Intelligenz hervorruft und die wir uns wie ein ruhiges Meer vorstellen können. Zweitens eine moderate Aktivität, die alle Dinge in Bewegung hält, die ein Gleichgewicht zwischen Stärke und Schwäche bedeutet und als ein leicht bewegtes Meer beschrieben werden kann. Und drittens die Stufe intensiver Aktivität, die alles zerstört, alle Schwäche und Blindheit verursacht, und die wir uns wie ein stürmisches Meer vorstellen können. Seher können in der Aktivität aller Dinge und Lebewesen die Frequenz erkennen, so wie Musiker die Tonart erkennen, in der ein Musikstück geschrieben wurde. Unsere Atmosphäre erzählt vom Grad der Aktivität unserer Schwingungen.

Wenn die Schwingungsaktivität richtig gesteuert wird, können wir alle Freuden des Lebens genießen und werden doch nicht von ihnen versklavt. Wenn die Aktivität erst einmal begonnen hat und wächst, wird es sehr schwer, sie zu bändigen, denn das ist, als würde man versuchen, ein durchgehendes Pferd zu bändigen. Und doch besteht die ganze Meisterschaft in dieser Steuerung.

Heilige und Weise verbreiten ihren Frieden nicht nur an dem Platz, an dem sie sitzen, sondern auch in der ganzen Umgebung, in der sie sich aufhalten. In der Resonanz mit der Energie der Schwingungen, die von ihrer Seele ausgehen, herrschen Frieden in der Stadt oder dem Land, in denen sie leben. Aus diesem Grund hat die Verbindung mit Gut oder Böse und mit Menschen der Ober- oder Unterschicht einen großen Einfluss auf das Leben und den Charakter eines Menschen. Die Schwingungen der Gedanken und Gefühle erschaffen, beschaffen und bereiten sich selbst alle notwendigen Mittel, um sich im Äußeren zu manifestieren. Eine Person könnte zum Beispiel Fisch essen wollen, und anstatt ihn zu bestellen, denkt sie intensiv an ihn. Die Gedankenwellen dieser Person, die auf diese Weise zu den geistigen Ohren des Kochs sprechen, lösen im Koch denselben Wunsch aus; möglicherweise ziehen die starken Gefühle der Person sogar einen Fischhändler zum Haus hin. Die Gedanken von Weisen führen so, entsprechend der Festigkeit, Kraft und Reinheit ihres Geistes, deren Bestimmung aus.

Eine bestimmte Menge an Dynamit ist erforderlich, um einen einzelnen Felsen wegzusprengen, eine erheblich größere Menge, um einen Tunnel in einen Berg zu sprengen. Genauso bedarf es auch eines entsprechenden Grades an Gedankenkraft, um ein bestimmtes Ergebnis zu erzielen. Auch die zeitliche Dauer eines Gedankens hat viel mit dessen Umsetzung zu tun, denn Gedankenschwingungen müssen eine gewisse Zeit lang aktiv sein, um ein bestimmtes Ergebnis zu erzielen. Ein Kuchen braucht eine bestimmte Zeit, bis er gebacken ist; wenn wir es übereilen, ist er noch nicht durchgebacken, und zu große Hitze lässt ihn verbrennen. Wenn es denen, die die mentalen Schwingungen aussenden, an Geduld mangelt, wird die Gedankenkraft verschwendet, auch wenn sie auf halbem Weg zu ihrer Bestimmung oder noch näher an einem erfolgreichen Ergebnis wären. Wenn zu große Gedankenkraft in die Ausführung einer Sache gesteckt wird, wird diese bereits in der Vorbereitung zerstört.

Um Gedanken und Gefühle auf andere zu reflektieren, sollten wir dieselben Regeln wie bei Stimme und Wort beachten. Je lauter jemand in einer Versammlung spricht, desto mehr Aufmerksamkeit zieht diese Person auf sich, und alle Anwesenden hören der Person zwangsläufig zu. Auf gleiche Weise treffen Gedanken oder Gefühle, die Mystiker aussenden, naturgemäß jedes Gemüt, das sie gerade erreichen, mit entsprechend großer Macht und

Stärke. So wie eine sanfte Stimme anziehend wirkt, so ist es auch mit der Zartheit von Gedanken und Gefühlen. Gedankenschwingungen, denen das gesprochene Wort hinzugefügt wird, werden in ihrer Kraft verdoppelt, und wenn physischer Kraftaufwand hinzukommt, wird diese verdreifacht.

Vernunft ist wie Feuer: Sie gibt den Gedanken Licht. Aber überhitzte Gedanken verlieren ihre Macht, so wie auch der physische Körper durch Hitze geschwächt werden kann. Der Verstand ruft Zweifel hervor, die die Gedankenkraft zerstören, bevor sie ihr Ziel erreicht hat. Die Stärke der Gedankenkraft beruht auf Vertrauen oder Glauben. Der Verstand verwirrt und Zweifel zerstreuen die Wellen der Gedankenschwingungen, die sich aus Mangel an der verbindenden Kraft verteilen und in verschiedene Richtungen gehen.

Man sollte nie gegen den eigenen Wunsch denken oder sprechen, denn das schwächt die Gedankenschwingungen und führt oft zu entgegengesetzten Ergebnissen. Viele gleichzeitig auftauchende Gedanken schwächen natürlich die Kraft des Geistes, denn keiner von ihnen hat die Chance zu reifen, so wie Zwillinge in der Regel unausgereift sind und Drillinge selten überleben[2]. Disharmonie zwischen unseren Wünschen und unserem Ideal erzeugt im Leben immer große Verwirrung, wirken sie doch beide ständig gegeneinander.

Sprechen oder denken wir von jemandem freundlich oder unfreundlich, so erreicht dies durch die Kraft der Schwingungen, bewusst oder unbewusst, das Wesen des anderen. Fühlen wir uns durch jemanden beleidigt, können unsere Gefühle nicht verborgen bleiben, selbst wenn wir ihnen weder durch Reden noch durch Handlungen Ausdruck verleihen, denn die Schwingungen unserer Gefühle werden die fragliche Person direkt erreichen; sie

2 Dieser Kommentar bezieht sich auf die relativ hohe Sterberate bei Mehrfachgeburten in den 1920er-Jahren, als die vorliegenden Lehrreden gehalten wurden.

wird unser Unbehagen spüren, wie entfernt sie auch wohnt. Dies gilt ebenso für unsere Liebe und unsere Freude: Wie sehr wir uns auch bemühen, unsere Gefühle durch unser Sprechen und Handeln zu verheimlichen, sie können nicht verborgen bleiben. Dies macht den alten Ausspruch verständlich, dass selbst Wände Ohren haben: Er besagt im Grunde, dass Gedankenwellen selbst Wände durchdringen können.

Sufis widmen den guten und schlechten Wünschen der Menschen besondere Aufmerksamkeit. Sie streben ständig mit all ihren Fähigkeiten danach, die guten Wünsche der Menschen anzuziehen, seien diese nun angesehen oder nicht.

Intensive Aktivität erzeugt kräftige Schwingungen, die bei den Sufis *jalal*[3] genannt werden. Sanfte Aktivität erzeugt weiche Schwingungen, die *jamal*[4] genannt werden. Die erste Aktivität zeigt sich als Stärke und Kraft, die zweite als Schönheit und Anmut. Der Widerstreit zwischen beiden Kräften heißt *kamal*[5] und ruft nichts als Zerstörung hervor.

Verschiedene Völker, Kulturen, Nationen und Religionen haben unterschiedliche Auffassungen von richtig und falsch und andere Vorstellungen von gut und böse, auch das Konzept von Tugend und Sünde wird unterschiedlich gesehen. Deshalb ist es schwierig, die Regel, die diese Unterschiede bestimmt, herauszuarbeiten. Wenn wir das Gesetz der Schwingungen verstehen, wird es jedoch klar. Alle Dinge und Wesen auf der äußeren Ebene der Existenz scheinen voneinander getrennt zu sein, doch sie kommen sich auf jeder Ebene unterhalb der Oberfläche zunehmend näher, und im Innersten werden sie alle eins. Deshalb hat jede Störung des Friedens im kleinsten Teil der Existenz seine Wirkung auf das Ganze. Deshalb ist jeder Gedanke, jedes Wort

3 jalal (arabisch): Kraft
4 jamal (arabisch): Schönheit
5 kamal (arabisch): „vollkommen", Zustand ohne jegliche Aktivität

und jede Handlung, die diesen Frieden stört, falsch, von Übel oder eine Sünde; wenn sie Frieden bewirken, sind sie richtig, gut und eine Tugend. Da das Leben in seinem Widerhallen wie eine Kuppel ist, ist auch sein Wesen kuppelförmig. Jede Störung im kleinsten Teil des Lebens stört das Ganze und kehrt als Unheil zu der Person zurück, die sie verursacht hat. Jeder Friede wiederum, der im Äußeren hervorgerufen wird, tut dem Ganzen gut und kehrt als Friede zum Verursacher zurück.

Das ist die Philosophie von der Belohnung der guten und der Bestrafung der schlechten Taten, die von den Höheren Mächten gegeben werden.

HARMONIE
DIE QUELLE DER SCHÖPFUNG

HARMONIE DIE QUELLE DER SCHÖPFUNG

Harmonie ist die Quelle der Manifestation, die Ursache ihrer Existenz und die Verbindung zwischen Gott und den Menschen.

Der Friede, nach dem jede Seele strebt, und der die wahre Natur Gottes und das höchste Ziel der Menschheit ist, ist einzig das Ergebnis von Harmonie; das zeigt, dass sämtliche Errungenschaften des Lebens ohne ein Gespür für Harmonie nutzlos sind. Wenn wir in Harmonie sind, nennen wir das Himmel, ihre Abwesenheit Hölle. Nur wer sie meistert, versteht das Leben, und diejenigen, denen sie fehlt, sind töricht – trotz all des anderweitig erworbenen Wissens.

Sufis legen großen Wert darauf, Harmonie zu erlangen, denn sie glauben, dass Licht für die Engel und Finsternis für den Teufel ist; für ein menschliches Wesen aber ist Ausgewogenheit notwendig, um das Gleichgewicht im Leben zu halten.

Harmonie hat drei Aspekte: ewig, universell und individuell.

Ewige Harmonie ist die Harmonie des Bewusstseins, das in sich selbst ewig ist. Alle Dinge und Wesen leben und bewegen sich darin, dennoch bleibt sie unnahbar, unberührt und friedvoll. Sie ist der Gott der Gläubigen und der Gott der Wissenden. Alle Schwingungen, von den feinsten bis zu den gröbsten, und auch alle Atome der Erscheinungsformen werden von dieser Harmonie zusammengehalten. Sowohl das Erschaffen als auch die Zerstörung finden statt, um sie aufrechtzuerhalten. Ihre

Macht zieht letzten Endes jedes Wesen zurück in den ewigen Frieden.

Die Kraft der Harmonie zieht die Menschen in zwei entgegengesetzte Richtungen: zum Unendlichen und zur Erscheinungswelt. Von der ersten wissen wir weniger als von der zweiten, und wenn wir in die eine Richtung schauen, verlieren wir die andere aus dem Blick. Da das Unendliche der essenzielle Geist in allem ist, zieht es letztendlich alles zu sich heran. Die Sufis messen der Harmonie mit dem Unendlichen größte Bedeutung bei, und erreichen sie durch die Hingabe an den Willen Gottes, des geliebten Wesens.

Die Existenz von Land und Wasser, deren Beziehung zueinander, oder die Anziehung zwischen Himmel und Erde veranschaulichen die universelle Harmonie. Die gegenseitige Anziehung von Sonne und Mond, die kosmische Ordnung der Sterne und Planeten, die alle miteinander verbunden sind, in Beziehung zueinander stehen und einem bestimmten Gesetz folgen; der geregelte Ablauf der Jahreszeiten, die Nacht, die dem Tag folgt, und der Tag, der seinerseits der Nacht Raum gibt; die Abhängigkeit aller Lebewesen voneinander, die Unverwechselbarkeit, Anmut und Integrationskraft der fünf Elemente, all das bekundet die allumfassende Harmonie.

Männliche und weibliche Wesen, Vierbeiner und Vögel, Pflanzen und Felsen, sämtliche Arten von Dingen und Wesen sind miteinander verbunden und werden durch das Band der Harmonie zueinander gezogen. Würde auch nur ein Ding oder Wesen, wie vermeintlich nutzlos es auch sein mag, in diesem Universum der unendlichen Vielfalt fehlen, wäre das so, als würde ein Ton in einem Lied fehlen. „Jedes Wesen wurde für eine bestimmte Aufgabe geboren, und das Licht dieser Aufgabe wurde in dessen Seele entfacht.“[1]

1 Sa'di aus Shiraz (geboren um 1210, gestorben um 1292), persischer Dichter

Alle Hungersnöte, Seuchen und Katastrophen, wie Stürme, Fluten, Vulkanausbrüche, Kriege und Revolutionen, so schlimm sie den Menschen auch erscheinen mögen, dienen in Wirklichkeit der Aufrechterhaltung dieses allumfassenden Gleichgewichts.

In Indien erzählt man sich die Geschichte, wie sich alle Einwohner eines Dorfes, das unter einer Dürre litt, vor dem Tempel ihres Gottes versammelten und darum beteten, dass in diesem Jahr reichlich Regen fallen möge. Eine Stimme aus dem Unsichtbaren antwortete: „Was immer Wir tun, dient der Verbesserung Unseres Zwecks, ihr habt kein Recht, euch in Unser Werk einzumischen, oh, ihr Menschen!" Doch sie flehten erneut um Gnade, diesmal noch eindringlicher. Schließlich kam die Antwort: „Eure Gebete, euer Fasten und eure Opfer haben Uns dazu bewogen, euch für dieses Jahr so viel Regen zu gewähren, wie ihr wollt." Alle kehrten jubelnd nach Hause zurück. Im Herbst arbeiteten sie eifrig auf ihren Höfen, und nachdem sie die Felder bereitet und die Saat gesät hatten, beteten sie um Regen. Als sie meinten, es habe nun genug geregnet, nahmen sie wieder Zuflucht im Gebet und der Regen hörte auf. Auf diese Weise wurde eine ideale Kornernte erzielt und alle Bewohner des Landes jubelten. In diesem Jahr war mehr Korn gewachsen als je zuvor. Aber als die Ernte eingefahren war, starben alle, die von dem Korn aßen; es gab viele Opfer. Verstört wendeten sie sich wieder an den Gott, warfen sich vor dem Tempel nieder und riefen: „Warum zeigst Du Dich nach dieser großen Gnade so zornig?" Der Gott antwortete: „Es war nicht Unser Zorn, sondern Eure Torheit, sich in Unser Werk einzumischen. Wir senden manchmal eine Dürre, ein anderes Mal Überschwemmung, sodass ein Teil eurer Ernte zerstört wird; aber Wir haben unsere Gründe dafür, denn auf

---

und Mystiker. Neben lehrhaften Schriften ist er der Autor des Bustan („Duftgarten") und des Golestan („Rosengarten") sowie einer Sammlung von mit Versen durchsetzten Prosaerzählungen (meist „Diwan" genannt).

diese Weise werden auch alle Gifte und alles, was unerwünscht ist, vernichtet, und es bleibt nur das übrig, was für die Erhaltung eures Lebens zuträglich ist." Die Dorfbewohner warfen sich in demütigem Gebet nieder und sagten: „Wir werden nie wieder versuchen, die Angelegenheiten des Universums zu regeln. Du bist der Schöpfer und Du bist der Lenker. Wir sind Deine unwissenden Kinder, nur Du weißt, was das Beste für uns ist." Nur der Schöpfer weiß, wie die Welt des Schöpfers zu lenken ist, was hervorgebracht und was zerstört werden muss.

Individuelle Harmonie hat zwei Aspekte: die Harmonie zwischen Körper und Seele sowie die Harmonie zwischen Einzelwesen.

Die Seele genießt die Freuden, die das äußere Selbst erlebt, doch die Menschheit vertieft sich in diese so sehr, dass die wahre Zufriedenheit der Seele vernachlässigt wird; das lässt die Menschen in all den flüchtigen Vergnügungen, die sie genießen, unbefriedigt zurück. Weil sie dies aber nicht verstehen, schreiben sie die Ursache ihrer Unzufriedenheit irgendwelchen unerfüllten Lebenswünschen zu. Das Ausleben aller irdischen Leidenschaften gibt flüchtige Befriedigung, gleichzeitig erzeugt es jedoch auch den Wunsch nach mehr. In diesem Bemühen übersehen die Menschen, was die Seele zufriedenstellt; immerzu sind sie damit beschäftigt, ihre irdischen Freuden und Vergnügungen zu verfolgen und entziehen damit der Seele ihre wahre Seligkeit. Das wahre Glück der Seele liegt in Liebe, Harmonie und Schönheit, die in Weisheit, Ruhe und Frieden münden. Die Seele ist umso zufriedener, je dauerhafter diese sind.

Würden wir in unserem täglichen Leben jede Handlung prüfen, die ein unerfreuliches Bild unseres Selbstes auf unsere Seele wirft und damit Dunkelheit und Unzufriedenheit bewirkt, und würden wir andererseits jeden Gedanken, jedes Wort und jede Handlung, die Liebe, Harmonie und Schönheit im Innern hervorrufen, bewusst wahrnehmen, und jedes Gefühl, das uns

Weisheit, Ruhe und Frieden bringt, so könnten wir ganz leicht verstehen, wie Harmonie zwischen Körper und Seele entsteht. Beiden Seiten des Lebens, der inneren wie der äußeren, wäre damit Genüge getan. Die Zufriedenheit der Seele ist viel wichtiger als die des Körpers, denn sie ist nachhaltiger. Indem wir auf diese Weise Körper und Seele entsprechend einstimmen, können wir Denken, Sprechen und Handeln so ausrichten, dass zuallererst im eigenen Selbst Harmonie erreicht wird.

Der nächste Aspekt der individuellen Harmonie wird im Kontakt mit anderen geübt. Wir alle haben ein individuelles Ego, das durch unsere eigenen Illusionen entsteht. Dieses Ego begrenzt unsere Sicht, die von ihm auf unser Eigeninteresse ausgerichtet wird; wir bewerten also gut und schlecht, hoch und niedrig, richtig und falsch in Bezug auf uns selbst und andere auf der Basis unserer begrenzten Sichtweise, die üblicherweise eher stückhaft und illusionär als wahr ist. Diese Dunkelheit entsteht, weil das äußere Selbst die Seele überschattet. So werden wir ebenso blind für unsere eigenen Unsicherheiten wie für die Leistungen anderer, d. h. das richtige Handeln der anderen wird in unseren Augen falsch und unsere eigenen Fehler erscheinen uns richtig. Dies gilt für die ganze Menschheit, bis der Schleier der Dunkelheit von deren Augen gehoben wird.

Nafs[2], das Ego eines Einzelwesens, bewirkt all die Disharmonie sowohl im eigenen Selbst als auch mit den anderen und zeigt uns so, wie schwer es ist, sie in allen Aspekten des Lebens zu bändigen. Löwen, die Könige der Tiere, sind trotz all ihrer Macht und Würde höchst unwillkommen bei den Bewohnern des Waldes, sie sind sogar unfreundlich zueinander. Zwei Löwen werden sich niemals freundlich begrüßen, da ihre *nafs* so stark ist:

2 Nafs (arabisch): Ego, Selbst; auch Seele. Im deutschen Sprachraum gibt es unterschiedliche Schreibweisen: Femininum und Neutrum. Wir verwenden in diesem Buch das Femininum.

Obwohl Löwen die Herrscher aller anderen Tiere sind, so sind sie doch Sklaven ihrer eigenen Leidenschaften, die ihr Leben ruhelos machen. Die *nafs* von Pflanzenfressern wie Schafe und Ziegen ist zahm. Deshalb sind sie ungefährlich füreinander; im Gegenteil: Sie können sogar harmonisch in Herden zusammenleben. Die Harmonie und das Mitgefühl unter ihnen lässt sie an Freud und Leid voneinander teilhaben, jedoch fallen sie leicht den wilden Tieren des Waldes zum Opfer.

Die Meister der früheren Zeiten, wie Moses und Mohammed, liebten es, ihre Herden im Urwald zu hüten, Jesus Christus nannte sich selbst den Guten Hirten, und Johannes der Täufer sprach vom Lamm Gottes: ungefährlich, arglos und opferbereit.

Die Nafs der Vögel ist noch sanfter, deshalb können auf einem Baum viele, sogar verschiedene Arten wie eine Familie zusammenleben, gemeinsam den Lobgesang Gottes singen und in Schwärmen zu Tausenden herumfliegen.

Bei den Vögeln finden wir jene, die ihre Partner wiedererkennen und harmonisch zusammenleben, gemeinsam ihr Nest für die Jungen bauen, wechselnd auf den Eiern sitzen und ihren Teil zur Aufzucht der gemeinsamen Jungen beitragen. Oft trauern und klagen sie, wenn ihr Partner gestorben ist.

Die Nafs der Insekten ist noch kleiner. Sie krabbeln übereinander, ohne einander wehzutun, und leben zu Millionen als eine Familie zusammen, ohne zwischen Freund und Feind zu unterscheiden. Dies belegt, dass die Nafs bei jedem Schritt der natürlichen Evolution wächst, in der Menschheit ihren Höhepunkt findet und so lange Disharmonie im menschlichen Leben erzeugt, bis sie gebändigt wurde und dadurch Ruhe und Frieden im Selbst erzeugt sowie einen Sinn für Harmonie mit anderen.

Alle Menschen weisen charakteristische Kennzeichen ihrer Nafs auf. Eine ist tigerähnlich, die andere ähnelt einem Hund, während eine dritte eher wie eine Katze ist und eine vierte wie ein

Fuchs. Auf diese Weise spiegeln Menschen in Sprache, Gedanken und Gefühlen Vierbeiner und Vögel; die Beschaffenheit der Nafs von Menschen ist also mit dem Wesen der Tiere verwandt, und manchmal ähnelt ihnen selbst die äußere Erscheinung der Person. Unsere Bereitschaft zur Harmonie hängt folglich vom Entwicklungsstand unserer Nafs ab.

Wenn wir anfangen, das menschliche Leben in aller Klarheit zu sehen, beginnt für uns die Welt auszusehen wie ein Wald voller wilder Tiere, die kämpfen, töten und sich gegenseitig ausnutzen.

Es gibt vier verschiedene Kategorien von Menschen, die, entsprechend ihrer unterschiedlichen Entwicklungszustände, miteinander harmonieren. Diese sind: engelsgleich, menschlich, tierisch und teuflisch.

Die Engelhaften streben nach dem Himmel, die Menschen kämpfen sich durch diese Welt. Die Menschen mit animalischen Neigungen schwelgen in irdischen Vergnügungen, während die Diabolischen gern Unheil anrichten und damit sich selbst und anderen die Hölle bereiten. Durch die Entwicklung des Humanen werden Menschen engelsgleich; durch die Entfesselung ihrer tierischen Natur landen sie auf der Stufe des Teufels.

In der Musik besagt das Gesetz der Harmonie, dass die einander zunächstliegenden Töne kein harmonisches Intervall ergeben. Das erklärt das Verbot der Heirat zwischen zwei nahen Verwandten aufgrund der großen Ähnlichkeit ihrer Art und ihres Blutes. In der Regel liegt die Harmonie im Kontrast. Männer kämpfen mit anderen Männern und Frauen streiten untereinander; doch männlich und weiblich harmonieren in der Regel, eine vollendete Einheit erzeugt vollkommene Harmonie. Die fünf Elemente wirken fortwährend in allen Lebewesen und in jedem Individuum ist eines davon dominant. Die Weisen unterscheiden deshalb, entsprechend des vorherrschenden Elements, fünf verschiedene Wesensarten der Menschen. Manchmal sind in einem Menschen zwei oder sogar mehr Elemente unterschiedlich dominant.

Wir können die Harmonie des Lebens genauso erlernen wie die Harmonie der Musik. Das Ohr sollte darin geübt werden, sowohl den Tonfall als auch die Worte und die in ihnen ruhende Bedeutung zu unterscheiden, und sowohl aus der verbalen Bedeutung als auch aus dem Tonfall der Stimme zu erkennen lernen, ob es sich um ein wahres Wort oder einen falschen Ton handelt. Es sollte unterscheiden können zwischen Sarkasmus und Aufrichtigkeit, zwischen scherzhaft gesprochenen Worten und jenen, die ernst gemeint sind, es sollte den Unterschied zwischen echter Anerkennung und Schmeichelei erkennen können, zwischen Bescheidenheit und Demut, Schmunzeln und Spott, Arroganz und Stolz – ob sie nun direkt oder indirekt ausgedrückt werden. Dadurch wird das Ohr allmählich wie in der Musik geschult, und wir wissen genau, ob der eigene Ton und das eigene Wort, aber auch das eines anderen, falsch oder wahr sind. Wir müssen, wie in der Stimmbildung, lernen, in welchem Tonfall und mit welchen Worten wir bestimmte Gedanken oder Gefühle ausdrücken sollten. Es gibt Zeiten, in denen wir laut sprechen sollten, und Zeiten, in denen ein sanfter Tonfall angesagt ist; jedes Wort fordert einen bestimmten Ton und alles Gesprochene eine bestimmte Klangfarbe. Außerdem sollten wir einen erhöhten oder erniedrigten Ton oder einen Ton ohne Vorzeichen entsprechend verwenden und die richtige Tonart bedenken.

Es gibt neun verschiedene Gefühlsaspekte, die alle ihre eigene Ausdrucksweise haben:

1. Fröhlichkeit wird durch einen lebhaften Tonfall ausgedrückt
2. Kummer durch einen klagenden Tonfall
3. Angst durch eine gebrochene Stimme
4. Mitgefühl in einer sanften Stimme
5. Staunen durch einen Ausruf
6. Mut durch einen entschlossenen Tonfall

7. Leichtfertigkeit in einem leichten Tonfall
8. Zuneigung in einem tiefen Tonfall
9. Gleichmut durch die Stimme der Stille

Ungeübte Menschen bringen dies durcheinander und flüstern Worte, die gehört werden sollten, oder sprechen jene laut aus, die besser geheim blieben. Über das eine Thema sollten wir mit gehobener Stimme, über ein anderes mit tiefer Stimme sprechen. Wir sollten den Ort, den Raum, die Anzahl der anwesenden Personen, die Art der Menschen und ihren Entwicklungsstand beachten und im Gleichklang mit den anderen reden, gemäß dem Ausspruch: „Sprecht zu den Menschen in ihrer eigenen Sprache." Mit Kindern sprechen wir kindgerecht, bei jungen Menschen nur für diese angebrachte Worte, und mit den Alten deren Verständnis gemäß. Auch unsere Gedanken sollten wir entsprechend spezifiziert ausdrücken und nicht alle über einen Kamm scheren. Die Menschen unterscheiden sich von den Tieren durch ihre Rücksichtnahme auf andere. Rhythmus ist das Gleichgewicht zwischen Sprache und Aktion. Wir sollten also zur rechten Zeit sprechen, sonst ist Schweigen besser als Reden. Ein mitfühlendes Wort, wenn jemand trauert, und mindestens ein Lächeln, wenn jemand lacht. Wir sollten auf die richtige Gelegenheit achten, um ein Thema in einer Gesellschaft anzusprechen, und in einem Gespräch niemals plötzlich das Thema wechseln, sondern zwei Themen gekonnt durch eine harmonische Überleitung miteinander verweben. Ebenso müssen wir geduldig warten, während andere sprechen, und unsere Sprache im Zaum halten, wenn ein Gedanke unkontrollierbar auftaucht, damit wir ihn taktvoll behandeln und unter Kontrolle halten, bevor er ausgedrückt wird. Die wichtigen Worte sollten wir durch den Gebrauch von starker und schwacher Betonung hervorheben. Um das Tempo zu regulieren und den Rhythmus zu bewahren, ist es notwendig, die richtigen Worte und

Ausdrucksweise zu wählen. Manche Menschen fangen langsam an zu sprechen und erhöhen nach und nach die Geschwindigkeit, bis sie nicht mehr zusammenhängend sprechen können. Die oben erwähnten Regeln gelten für alle Aktivitäten des Lebens.

Wie Musikschüler schulen Sufis sowohl die Stimme als auch das Ohr für die Harmonie des Lebens. Das Stimmtraining beinhaltet, jedes gesprochene Wort in Bezug auf Tonfall, Rhythmus, Bedeutung und Angemessenheit der Lage abzuwägen. Trostworte sollten zum Beispiel in langsamem Rhythmus, mit sanfter Stimme und mitfühlendem Tonfall gesprochen werden. Für Anordnungen oder Befehle ist ein lebendiger Rhythmus notwendig und eine kraftvolle, klare Stimme.

Sufis vermeiden taktlose Handlungen, sie lassen den Rhythmus ihrer Stimme von der Geduld leiten, sprechen nicht vor der Zeit und geben keine Antwort, bevor die Frage nicht fertiggestellt wurde. Widerworte betrachten sie als Disharmonie, außer sie werden in einer Diskussion verwendet, und selbst dann versuchen sie, diese in einen harmonischen Akkord aufzulösen. Die Neigung zu widersprechen entwickelt sich schließlich zu einer Leidenschaft; bis dahin, selbst den eigenen Ideen zu widersprechen, wenn sie von jemand anderem vorgetragen werden. Um die Harmonie zu bewahren, modulieren Sufis sogar ihre Sprechweise von einer Tonart in eine andere; anders gesagt: Sie stimmen der Idee einer anderen Person zu, um das Objekt aus dem Blickwinkel der anderen zu betrachten anstatt aus dem eigenen. Sie bilden die Grundlage für jedes Gespräch mit einer entsprechenden Einführung und bereiten die Ohren des Zuhörers für eine ideale Reaktion vor. Sie achten auf jede Bewegung und jeden Ausdruck, bei sich und den anderen, und versuchen so, einen wohlklingenden, harmonischen Akkord zwischen sich und den anderen zu erzeugen. Harmonie im eigenen Leben zu erreichen benötigt ein längeres und sorgfältigeres Studium, als das Ohr zu schulen und die Stimme zu kultivieren, auch wenn sie auf gleiche

Weise erlangt wird wie musikalisches Wissen. Für die Ohren der Sufis ist jedes gesprochene Wort wie ein Ton, der richtig ist, wenn er harmonisch klingt, und falsch, wenn er unharmonisch ist. Sie wählen, dem Anlass entsprechend, die Tonart ihrer Sprache entweder in Dur, Moll oder chromatisch, und ihre Worte entweder mit erhöhten oder erniedrigten Tönen oder Tönen ohne Vorzeichen, wie es das Gesetz der Harmonie gerade verlangt.

Die aufrichtige, höfliche und taktvolle Sprache entspricht beispielsweise dem Dur, Moll oder der chromatischen Tonleiter, die für die Sufis Dominanz, Respekt und Gleichmut verkörpern. Sufis verhalten sich auch frei oder gegenläufig, je nach Ermessen, um sich Zeit und Situation allmählich anzupassen. Dazu stimmen sie zu, weichen ab oder widersprechen sogar, und halten dabei doch das Gesetz der Harmonie in der Konversation aufrecht.

Wenn wir zwei Personen als zwei Töne betrachten, so bringt die Harmonie zwischen beiden entweder konsonante oder dissonante Intervalle hervor, vollkommene oder unvollkommene, in Dur oder Moll, verminderte oder übermäßige, wie es den beiden gerade entspricht. Dieses Gesetz wird deutlich im Abstand zwischen den Gesellschaftsklassen, Überzeugungen, Kasten, Ethnien, Nationen oder Religionen sowie auch in den Unterschieden zwischen den Lebensaltern, Entwicklungsstadien oder von verschiedenen und gegenteiligen Interessen.

Weise Menschen können eher in Harmonie mit törichten Dienern leben als mit Halbgebildeten, die sich für unfehlbar halten. Andererseits ist es genauso möglich, dass weise Menschen in der Gesellschaft von Törichten alles andere als glücklich sind und umgekehrt. Stolze Menschen werden mit anderen Stolzen immer streiten; während andere demütige Menschen unterstützen. Stolze Menschen können sich jedoch über eine allgemeine Frage des Stolzes durchaus einig sein, zum Beispiel, was den Stolz der Ethnie oder der Herkunft betrifft.

Manchmal wird das Intervall zwischen zwei unzusammenhängenden Noten durch einen Zwischenton ausgefüllt und es entsteht ein harmonischer Akkord. Beispielsweise könnte ein Kind die Uneinigkeit zwischen einem Mann und einer Frau auflösen oder die Intervention von Vater beziehungsweise Mutter kann die Streitigkeiten zwischen Geschwistern schlichten. Auf diese Weise kann ein intervenierendes Bindeglied Harmonie erzeugen, wie unharmonisch zwei Menschen auch zueinander stehen.

Törichte Menschen sind wie ungeschmeidige Töne, während verständige Menschen anpassungsfähig sind. Die ersten beharren auf ihren Ideen, Vorlieben, Abneigungen und Überzeugungen, was richtig oder falsch sei, während Letztere die Stimmung klar oder gedämpft halten, indem sie Ton und Frequenz erhöhen oder erniedrigen, um sich den Umständen anzupassen.

Der Grundton harmoniert immer mit jeder Note, denn er trägt alle Töne der Tonleiter in sich. So harmonieren auch die Sufis mit allen, ob gut oder schlecht, weise oder töricht, indem sie zum Grundton werden.

Wenn der Grundton, das gemeinsame Interesse, viele Charaktere durch ein einziges Band der Harmonie zusammenhält, werden alle Ethnien, Nationen, soziale Schichten und Völker wie eine Melodie, der ein Akkord zugrunde liegt.

Sufis lernen und praktizieren das Wesen der Harmonie des Lebens, indem sie es studieren. Sie leben in Übereinstimmung mit dem eigenen Selbst, mit anderen, dem Universum und dem Unendlichen. Sie identifizieren sich mit anderen und sehen sich sozusagen selbst in jedem anderen Lebewesen. Tadel oder Lob kümmern sie nicht, da sie beide als von sich selbst ausgehend betrachten. Wenn wir etwas Schweres fallen lassen und dabei unseren eigenen Fuß verletzen, würden wir doch auch nicht die Hand tadeln, weil sie es fallen ließ, denn wir erkennen uns selbst sowohl in der Hand als auch im Fuß. Auf solche Weise sind auch Sufis nachsichtig, wenn sie von anderen verletzt werden, denn sie denken, dass nur sie selbst sich den Schmerz zugefügt haben. Sie wenden den Kontrapunkt an, indem sie unerwünschtes Gerede von Freunden durchmischen und zu einer Fuge machen.

Die Unzulänglichkeiten anderer übersehen sie, weil sie denken, dass diese es nicht besser wissen. Sie verbergen die Fehler anderer und verschweigen alle Tatsachen, die Disharmonie erzeugen könnten. Sie kämpfen ständig mit Nafs, der Wurzel aller Disharmonie und dem einzigen Feind der Menschheit. Indem wir diesen Feind niederringen, gewinnen wir Meisterschaft über uns selbst; das heißt, wir gewinnen die Meisterschaft über das ganze Universum, denn die Wand, die zwischen dem Selbst und dem Allmächtigen stand, wurde niedergerissen. Freundlichkeit, Milde, Respekt, Demut, Bescheidenheit, Selbstvergessenheit, Gewissenhaftigkeit, Toleranz und Vergebung werden von den Sufis als die Merkmale angesehen, die sowohl in der eigenen Seele als auch in der Seele anderer Harmonie erzeugen. Arroganz, Zorn, Laster, Verhaftung, Gier und Eifersucht sind die sechs Hauptquellen der Disharmonie. Nafs (das Ego), die einzige Quelle von Disharmonie, wird umso mächtiger, je besser sie zufriedengestellt wird, je mehr wir ihr zu Diensten sind. Eine bestimmte Zeit lang gibt sie sich zufrieden, wenn ihre Forderungen erfüllt wurden, doch kurz danach fordert sie noch mehr, bis das Leben zu einer Last wird. Die Weisen betrachten diesen Feind als Auslöser sämtlichen Unheils, die übrigen Menschen machen jedoch andere für ihr eigenes Unglück verantwortlich.

DAS GEHEIMNIS DES NAMENS

DAS GEHEIMNIS DES NAMENS

Die Vielfalt der Dinge und Wesen und die Eigenheiten, durch die sie sich voneinander unterscheiden, machen Bezeichnungen notwendig. Der Name erzeugt ein Bild von Form, Gestalt, Farbe, Größe, Qualität, Menge; einen Eindruck und eine Bedeutung von Dingen und Wesen; nicht nur von wahrnehmbaren und verstehbaren, sondern sogar von denen, die unsere Wahrnehmung und unser Verständnis übersteigen. Der Name ist daher bedeutender als die Dinge selbst. In den Namen von Menschen oder Dingen liegt ein großes Geheimnis verborgen, gestaltet er sich doch aus dem Zusammenhang der vergangenen, gegenwärtigen und zukünftigen Bedingungen seines Gegenstandes. Ein echtes Horoskop sagt deshalb etwas über die Lebensbedingungen eines Menschen aus.

Im Namen liegt das ganze Geheimnis verborgen. Alles Wissen über die Dinge beruht zunächst auf der Kenntnis ihrer Namen, kein Wissen ist vollständig, wenn es keinen Namen hat. Meisterschaft beruht auf Wissen. Wir können nichts meistern, das wir nicht kennen. Jeden Segen und alle Wohltaten, die wir von Himmel und Erde erhalten, erwerben wir durch Meisterschaft, die ihrerseits auf Wissen und Erkenntnis beruht – um etwas zu wissen, brauchen wir Begriffe. Wenn wir die Bezeichnung von etwas nicht kennen, sind wir unwissend, und als Unwissende sind wir machtlos, denn wir haben keinen Zugriff auf Dinge, die wir nicht kennen.

Unsere Größe hängt davon ab, wie weit unser Wissen reicht, dessen ganzes Geheimnis darin liegt, dass wir sowohl bei Menschen als auch bei Dingen die Unterschiede identifizieren können. Das erhebt uns nicht nur über alle Wesen dieser Erde, es lässt uns Menschen sogar die Engel, die Himmlischen Heerscharen, überragen. Der Koran erklärt dies so:

„Als dein Herr zu den Engeln sprach: ‚Wir werden einen Stellvertreter auf der Erde einsetzen', sagten sie: ‚Willst Du dahin jemanden stellen, der dort Verderben anrichtet und Blut vergießt, wo wir doch Dein Lob singen und Dich heiligen?' Gott antwortete: ‚Seht, ich weiß, wovon ihr nichts wisst.' Und Er lehrte Adam die Namen aller Dinge. Dann zeigte Er sie den Engeln und sprach: ‚Nennt mir die Namen dieser Dinge, wenn ihr die Wahrheit sagt.' Sie antworteten: ‚Lob sei Dir, wir wissen nur von dem, was Du uns gelehrt hast, denn du bist allwissend und weise.' Gott sagte: ‚Oh, Adam, nenne ihnen ihre Namen.' Und als Adam kam, nannte er ihre Namen."[1]

Jeder Name enthüllt den Weisen die Vergangenheit, Gegenwart und Zukunft dessen, was er bezeichnet.

Ein Name bezeichnet nicht nur eine Form, sondern auch deren Wesen. Die Bedeutung des Namens spielt eine wichtige Rolle im Leben der Menschen. Der Klang, die Vokale des Namens, der Rhythmus, die Anzahl und das Wesen der Buchstaben, die ihn ausmachen, der mystische Zahlenschlüssel, das Symbol und der Planet sowie seine ursprüngliche Wurzel und seine Wirkung – sie alle enthüllen den Sehenden ihr Geheimnis.

Die Bedeutung eines Namens hat sowohl auf den Träger selbst als auch auf seine Mitmenschen großen Einfluss. Aus dem Klang der Buchstaben und dem Wort, das sie bilden, können Mystiker viel über den Charakter und das Schicksal eines Menschen lesen. Intelligente Menschen können durch den Klang der Buchstaben, die den Namen bilden, eine allgemeine Vorstellung bekommen: Ob er sich schön oder hässlich anhört, sanft oder

1 Koran 2:13. Vgl. auch Genesis 2:19

hart, wohlklingend oder unharmonisch; sie wissen jedoch nicht, wodurch das bewirkt wird. Nur die, die verstehen, wissen warum.

Einzelne oder kombinierte Buchstaben werden entweder leicht oder mit Schwierigkeiten ausgesprochen und haben einen entsprechenden Effekt sowohl auf uns selbst als auch auf andere. Flüssige und weich klingende Namen haben eine sanfte Wirkung auf Sprechende und Zuhörerende, während hart klingende Namen den umgekehrten Effekt haben. Natürlicherweise benennen wir weiche Dinge mit sanften Namen und harte Dinge mit hart klingenden Namen, wie zum Beispiel Blume und Fels, Wolle und Zündstein, und so weiter. Die Ausdrucksweise und insbesondere die Namen kennzeichnen eine Gruppe von Menschen sowie das Wesen von Familien, Gemeinschaften und Ethnien.

Vokale spielen eine große Rolle für die Namen und deren Einfluss. *E* und *i* bezeichnen *jamal,* die weiblichen Qualitäten der Anmut, Weisheit, Schönheit und Empfänglichkeit; *o* und *u* bezeichnen *jalal,* die männlichen Qualitäten der Kraft und des Ausdrucks. *A* weist auf *kamal* hin, welches die Vollkommenheit darstellt, in der diese beiden Qualitäten zusammengefasst sind.

Die oben genannten Vokale haben in der Komposition des Namens ihre Wirkung, je nachdem, ob sie am Anfang, in der Mitte oder am Ende der Bezeichnung stehen.

Im Sanskrit wird das Schicksal *karma*[2] genannt, es meint den Rhythmus vergangener Handlungen. Der Einfluss des Rhythmus', den ein Name auslöst, wirkt sich sowohl auf die so benannte Wesenheit aus, als auch auf diejenigen, die das Wesen bei diesem Namen nennen. Ein gleichmäßiger Rhythmus erzeugt Ausgeglichenheit, während ein ungleichmäßiger Rhythmus Unausgeglichenheit bewirkt. Die Schönheit des Rhythmus'

2 Karma (Sanskrit): sowohl ausgeführte Handlung als auch die Absicht hinter dem Tun – was nach dem Gesetz von Aktion und Reaktion entsprechend gleichartige Rückwirkungen auf die Ausführenden hat.

verschönert den Charakter eines Menschen.

Rhythmus meint hier, wie ein Name beginnt und wie er endet, ob gleichmäßig oder ungleichmäßig, vor der Betonung oder mit der Betonung. Ob die Betonung auf den Anfang, die Mitte oder das Ende fällt, verändert die Wirkung, und das spielt für die Wesensart und das Schicksal einer Person eine Rolle. Der Rhythmus des Namens deutet auf das Wesentlichste im Leben hin: ausreichende oder mangelnde Ausgeglichenheit. Mangelnde Ausgeglichenheit ist eine Charakterschwäche und führt im Leben zu Schwierigkeiten. Auch die Anzahl der Buchstaben spielt eine große Rolle beim Namen einer Person. Eine gerade Anzahl weist auf Schönheit und Weisheit hin, eine ungerade Anzahl auf Liebe und Kraft.

Zahlen spielen im Leben eine bedeutende Rolle, ganz besonders bei den Namen. Jeder Buchstabe in einem Namen hat einen Zahlenwert. In der orientalischen Wissenschaft heißt dies *jafr*[3]. Nach diesem System werden nicht nur Gebäuden, Gegenständen und Menschen Namen gegeben, die den zeitlichen Ablauf ihres Entstehens und Vergehens offenbaren; vielmehr eröffnet die Kombination dieser Zahlen den Sehenden auch deren mystische Wirkung.

Namen haben auf ihre Träger und sogar auf deren Umgebung eine psychische Wirkung. Die Namen von Elementalen und *Dschinns,* die ehrwürdigen Namen Gottes sowie die heiligen Namen der Propheten und Heiligen werden den Regeln ihres numerischen Wertes entsprechend geschrieben und wirken wie ein magischer Zauber, um verschiedene Dinge im Leben zu erreichen. Wenn sie geschrieben oder ihrer numerischen Gestalt entsprechend wiederholt werden, können durch die Kombination solcher Namen Wunder bewirkt werden.

Ein *x* formt zum Beispiel ein Kreuz und das o eine Null; beide

---

3 Jafr (arabisch): Zeichendeuten durch Buchstaben

haben eine eigene Bedeutung. In den modernen Alphabeten wurden die Originale stark verfälscht. Die alten arabischen und persischen Schriften, die wir auf Torbögen, Wänden, Kleidersäumen, Messingkesseln und Teppichen finden, sind von höchster Vollendung und formschön. Auch im Chinesischen, Japanischen, Sanskrit sowie anderen alten Alphabeten finden wir eine hohe Symbolkraft. Jede Linie, jeder Punkt und jeder Bogen hat eine Bedeutung. Die Alten schrieben die Bezeichnungen nicht mit verschiedenen Buchstaben, sondern als Bild, das bezeichnete, was sie ausdrücken wollten. Das Bild wurde in verschiedene Teile aufgeteilt, wobei jeder Teil einen bestimmten Klang darstellte; auf diese Weise entstanden die Alphabete. Durch diese Teilung ging das ursprüngliche Bild verloren, gewisse Ähnlichkeiten konnten jedoch immer noch gefunden werden. Obwohl wir heute eine sehr abgewandelte Schreibweise haben, können wir aus der Gestalt eines bestimmten Namens, gleich, in welcher Sprache er geschrieben wurde, noch immer das Leben, das Schicksal oder den Charakter eines Menschen lesen.

Beginnt ein Name zum Beispiel mit *i*, kennzeichnet dies ein charakterfestes und rechtschaffenes Ego, Einzigartigkeit, Liebe zu Gott und Wahrheitssuche. *E* kennzeichnet ein scheues, introvertiertes Wesen und Interesse in drei Richtungen. So wie ein einzelner Buchstabe ein Bild darstellt, so bildet auch ein ganzes Wort ein Bild. Die Idee von Allah entstand in den Menschen, und so können wir in der Form unserer Hand das Wort *„Allah“*[4] erkennen.

Der Vorname hat größeren Einfluss als der Nachname. Manchmal hat ein Kosename sogar noch größeren Einfluss, denn

4 Wenn wir alle Finger strecken und den Daumen anwinkeln, können wir sehen, was Hazrat Inayat Khan hier beschreibt. „Allah“ wird in arabischen Buchstaben etwa so geschrieben: ﻫﻠﻠﺍ

die Wirkung des Namens entspricht seiner Verwendung: Je öfter er gebraucht wird, desto größer ist seine Wirkung. Verkürzte Namen wie Mia für Maria oder Willi für Wilhelm verringern die Wirkung des Namens anteilig. Namen, die von Heiligen vergeben werden, haben eine doppelte Wirkung: die des Namens selbst und die des Willens der Heiligen, die ihn gegeben haben. Maula Bakhsh[5], der größte Musiker Indiens seiner Zeit, bekam diesen Namen durch einen *faqir*[6], der von seiner Musik verzaubert war. Er bedeutet „Gott segnet". Nachdem er diesen Namen angenommen hatte, war er, wohin auch immer er ging, mit Ehrungen und Erfolg gesegnet, die beide seltene Gaben Gottes sind.

Es gibt viele Beispiele dafür, wie ein Namenswechsel eine völlige Veränderung im Leben von Menschen brachte. In der Bibel lesen wir, dass Jakob mit dem Namen Israel gesegnet wurde, der ihm von den Engeln verliehen wurde.

Im Koran wird Mohammed ständig mit spezifischen Namen bezeichnet, wobei jede Bezeichnung nicht nur Auswirkungen auf das Leben des Propheten hatte, sondern auch auf dessen Anhänger, die diese Bezeichnung verwendeten und seelisch mit ihr arbeiteten. Sufis haben jahrhundertelange Erfahrung mit dem mystischen Wert dieser Namen. Bei den Sufis gibt der *murshid*[7] oder die *murshida* den Schülern die Bezeichnung *talib*[8] oder *murid*[9], damit die Schüler sich mit der Zeit mit der jeweiligen Bezeichnung identifizieren.

---

5 Maula Bakhsh (1833-1896), Großvater von Hazrat Inayat Khan, gründete u. a. eine berühmte Musikakademie in Baroda. Siehe auch: https://wahiduddin.net/mv2/bio/Biography_3.htm

6 Das arabische faqir: „arm", (auch das Wort „Konzentration" hat dieselbe Wurzel) wird in Indien für hinduistische oder muslimische meditierende Asketen verwendet, denen oft Wunderkräfte zugeschrieben wurden.

7 Murshid(a) (arabisch): erfahrene Lehrer/innen bzw. Wegbegleiter/innen auf dem spirituellen Weg.

8 Talib (arabisch): Schüler/in

9 Murid (arabisch): Sehnender, Strebender, Schüler/innen, die eine Einweihung empfangen haben.

FORM UND GESTALT

FORM UND GESTALT

Das Licht, aus dem alles Leben kommt, besteht aus drei Varianten: aus Intelligenz, aus abstraktem Licht und aus Sonnenlicht. Die Aktivität dieses einen Lichtes wirkt also in drei verschiedenen Erscheinungsformen. Die erste Form wird durch eine langsame und feierliche Aktivität im ewigen Bewusstsein hervorgerufen, die wir auch Bewusstsein oder Intelligenz nennen können. Intelligenz ist sie, wenn nichts vor ihr erscheint, dessen sie sich bewusst sein könnte. Wenn vor ihr hingegen etwas Erfahrbares erscheint, wird genau diese Intelligenz zu Bewusstsein. Die allgemeine Aktivität im Licht der Intelligenz bewirkt das Licht des Abstrakten, genau dort, wo der abstrakte Klang in Licht übergeht. Dieses Licht wird für Sehende, die zum ewigen Ziel reisen, zur Fackel. Dasselbe Licht wird, wenn seine Aktivität intensiver wird, zur Sonne. Niemand würde so einfach glauben, dass Intelligenz, abstraktes Licht und die Sonne ein und dasselbe sind, doch Sprache kann sich selbst nicht widersprechen, und alle drei wurden von jeher mit der Bezeichnung Licht benannt.

Diese drei Erscheinungsformen des Lichtes sind auch die Vorstellung, die hinter der Glaubenslehre der Dreieinigkeit steht sowie hinter der Lehre der Trimurti[1], die es schon Tausende Jahre vor dem Christentum bei den Hindus gab. Sie beschreibt jeweils die drei Aspekte des Einen – dem Einen, das drei ist. Substanz beginnt sich von einem Atom zu einem Radium zu entwickeln,

1 Trimurti (Sanskrit) „tri: drei, „murti“: Gestalt; Brahma, Vishnu und Shiva, die drei Erscheinungsweisen Gottes im Hinduismus.

aber vorher existiert sie als Schwingung. Was wir sehen, akzeptieren wir als etwas Existentes; und was wir nicht sehen können, existiert für uns nicht. Alles, was wir wahrnehmen, sehen und fühlen ist Materie, alles, was Quelle und Ursprung ist, ist Geist.

Die Philosophie der Form kann durch das Studium des Prozesses verstanden werden, durch den sich das unsichtbare Leben im Sichtbaren manifestiert. Während die feinen Schwingungen Klang erzeugen, erzeugen die groben Schwingungen Licht. Indem das unsichtbare, unbegreifbare und nicht wahrnehmbare Leben also zunächst hörbar und dann sichtbar wird, wird es allmählich erkennbar; dies ist der Ursprung und die alleinige Quelle aller Formen.

So ist die Sonne die erste Form, die durch die Augen wahrgenommen werden kann. Sie ist der Ursprung und die Quelle aller Formen der gegenständlichen Welt; und als solche wurde sie auch von den Alten als Gott verehrt. In dieser Mutterreligion können wir den Ursprung aller Religionen finden. Auch in den Worten von Shams-e Tabrizi[2] ist diese Philosophie erkennbar: „Als die Sonne ihr Gesicht zeigte, erschienen die Gesichter und Formen aller Welten. Ihre Schönheit bekundete deren Schönheit; in ihrer Helligkeit begannen sie zu strahlen; durch ihre Strahlen sahen, erkannten und benannten wir die Formen."

All die Myriaden von Farben des Universums sind nichts als unterschiedliche Abstufungen und Schattierungen des Lichts, das alle Elemente erschuf und das die Himmel so wunderbar mit der Sonne, dem Mond, den Planeten und den Sternen geschmückt hat; das Land und Wasser mit all der Schönheit der niederen Sphären erschuf; in manchen Teilen matt und in anderen Teilen strahlend, was die Menschen Schatten und Licht nennen. Die Sonne, der Mond, die Planeten und Sterne, das Leuchten der

---

2 Shams-e Tabrizi: Shams ad-Din Muhammed Tabrizi (gestorben 1248), spiritueller Mentor von Jalal ad-Din Rumi.

Elektrizität, die geringere Leuchtkraft des Gases, der Lampe, der Kerze, der Kohle und des Holzes – in allen zeigt sich die Sonne, die in verschiedenen Gestalten auftaucht. Die Sonne reflektiert sich in allen Dingen, ob in matten Kieselsteinen oder funkelnden Diamanten, alles strahlt in dem Ausmaß, wie es reflektieren kann. Das zeigt, dass Licht die eine und einzige Quelle sowie der Ursprung der ganzen Schöpfung ist. „Gott ist das Licht des Himmels und der Erde“[3]. „Und Gott sprach: ‚Es werde Licht‘, und es ward Licht“[4].

Jede Form wird auf allen Existenzebenen nach dem Gesetz der Anziehung erschaffen. Jedes Atom zieht Atome des eigenen Elements an. Jedes positive Atom zieht das negative Atom des eigenen Elements an, und jedes negative Atom das positive; dennoch ist jede Anziehung unterschiedlich und spezifisch. Die Atome gruppieren sich und bilden eine Form. Auf der abstrakten Ebene fügen sich die Atome zu Lichtgebilden und Farben zusammen; diese und all die verschiedenen Formen der feineren Kräfte des Lebens können von den Weisen gesehen werden. Die Formen der Gedankenwelt werden durch die Atome ihrer Ebene gebildet. Sie werden vom geistigen Auge erkannt und Imagination genannt. Auf physischer Ebene können wir diesen Ablauf konkreter erfassen.

Mystiker sehen, wie das eine oder andere Element auf der abstrakten Ebene vorherrscht, sei es nun Äther, Luft, Feuer, Wasser oder Erde. Alle Elemente sind in den feineren Lebenskräften durch ihre Aktivitätsausrichtung und Farbe klar erkennbar. Die verschiedenen Lichtformen weisen unterschiedliche Aktivitätsstärken auf. Heiterkeit wird zu größerer Heiterkeit und Traurigkeit zu tieferer Trauer. So ist es auch mit Vorstellungen: Jeder angenehme Gedanke entfaltet Wohlbefinden und

3 Koran 24:35
4 Genesis 1:3

dehnt sich zu noch angenehmeren Gedanken aus, genauso wie auch jede unangenehme Vorstellung wächst und intensiver wird.

Auch auf der physischen Ebene sehen wir nicht nur Menschen, die in Städten und Dörfern zusammenleben, sondern auch Tiere und Vögel, die in Schwärmen und Herden leben. Kohle finden wir in Kohleminen, Gold in Goldminen; der Wald besteht aus Tausenden von Bäumen, doch in der Wüste gibt es nicht einen einzigen. All das bezeugt die Anziehungskraft der gleichen Art, die gleichartige Atome sammelt und ordnet und damit zahlreiche Formen bildet. Dadurch erschafft sie vor dem menschlichen Auge eine Illusion, woraufhin wir Menschen die Eine Quelle dieser erschaffenen Vielfalt vergessen.

Die Richtung, die jedes Element einschlägt, um eine Form zu bilden, hängt von der Art seiner Aktivität ab. Wenn eine Aktivität zum Beispiel geradeaus verläuft, lässt sie das Erdelement erkennen, abwärtsgerichtet das Wasserelement, aufwärtsgerichtet das Feuerelement. Eine Aktivität, die zickzack verläuft, bekundet das Luftelement, und Äther nimmt eine unbestimmte, nebelige Form an. Den Sehenden wird also das Wesen aller Dinge durch deren Form offenbar; durch deren Farbe kann ihr Element bestimmt werden. Gelb ist die Farbe der Erde, Grün die des Wassers, Rot die des Feuers, Blau die des Himmels und Grau die des Äthers. Wenn die Elemente gemischt auftreten, erzeugen sie auch gemischte Farben in zahllosen Schattierungen und Tönen, und so weisen die vielen Farben in der Natur auf das unbegrenzte Leben hin, das ihr zugrunde liegt.

Jede Schwingungsaktivität erzeugt, entsprechend ihres Resonanzkörpers und der Aufnahmefähigkeit der Form, in der sie gestaltet wird, einen eigenen Klang.

Das besagt die alte Hindulehre von *Nada Brahma,* vom „Klang als Schöpfergott". Die unter schiedlichen Formen dieser gegenständlichen Welt gruppieren und verändern sich sowohl nach dem Gesetz von Aufbau und Zerstörung wie auch durch

Hinzufügen und Wegnehmen. Wenn wir das ständige Zusammenballen und sich Auflösen der Wolken genauer betrachten, sehen wir in wenigen Minuten viele verschiedene Formen – und das ist ein Schlüssel für alle Prozesse, überall in der Natur. Dieses ganze Aufbauen und Zerstören, Hinzufügen und Wegnehmen der Formen geschieht im Einflussbereich von Raum und Zeit. Jede Form wird nach diesem Gesetz gebildet und verändert, denn die Substanz unterscheidet sich nach Länge, Breite, Tiefe, Höhe, Gestalt und Umriss der Gussform, in der sie modelliert wurde; ihre Besonderheiten bilden sich dann durch die Eindrücke, durch die sie geprägt wurde. Es braucht Zeit, bis ein junges, zartes Blatt grün wird, und dann wieder, bis es sich von Grün in Rot und Gelb verwandelt. Und es ist der Raum, der aus Wasser entweder einen Graben, eine Quelle, einen Teich, einen Bach, einen Fluss oder den Ozean macht.

Die Verschiedenheiten der Merkmale unterschiedlicher Kulturen in den jeweiligen Zeitaltern können dem Gesetz von Raum und Zeit zugeschrieben werden, zusammen mit klimatischen und abstammungsbedingten Ursachen. Die Afghanen ähneln den Einwohnern des Punjab und die Singhalesen dem Volk von Madras. Araber haben Ähnlichkeit mit den Persern und Chinesen sehen ganz ähnlich aus wie Japaner. Tibeter gleichen den Einwohnern von Bhutan und die Burmesen den Siamesen. All dies beweist, dass die Nachbarschaft des Landes, das sie bewohnen, weitgehend die Ursache für die Ähnlichkeit der Merkmale ist. Je weiter die räumliche Entfernung, desto größer ist der Unterschied im Aussehen der Menschen. Die Ähnlichkeiten unter Bakterien, Würmern und Insekten erklären sich auf gleiche Weise. Zwillinge ähneln sich in der Regel stärker als andere Geschwister.

Die Formen werden vor allem durch Spiegelung geprägt. Weil sich die Sonne im Mond reflektiert, erscheint der Mond uns so rund wie die Sonne. Die ganze niedere Schöpfung entfaltet sich nach dem gleichen Gesetz. Manche Tiere, die in menschlicher Umgebung wohnen und täglich Menschen sehen, beginnen Menschen zu ähneln. Menschen, die sich um Tiere kümmern, fangen an, ihnen ähnlich zu werden. Wir sehen, dass der Butler eines Obersts das Verhalten eines Soldaten annimmt und ein Dienstmädchen in einem Nonnenkloster nach einiger Zeit selbst wie eine Nonne wird.

Da alle Dinge dem Wandel unterworfen sind, ist kein Ding genauso wie im Augenblick davor, auch wenn die Veränderung nicht wahrnehmbar ist. Nur sehr ausgeprägte Veränderungen sind wahrnehmbar: Die Blume wandelt sich von der Knospe zur Blüte, die Frucht von unreif zu reif. Selbst Steine verändern sich, von manchen weiß man sogar, dass sie sich innerhalb von vierundzwanzig Stunden wahrnehmbar verändert haben.

Die Zeit hat einen großen Einfluss auf alle Dinge und Lebewesen, wie wir am Wechsel von der Kindheit in die Jugendzeit und vom mittleren Alter zum hohen Alter sehen können. Auf Sanskrit wird daher die Zeit *kala*[5] genannt, was Zerstörung bedeutet, da es ohne Zerstörung keine Veränderung gibt. Anders ausgedrückt kann Zerstörung als Wandel beschrieben werden. Alle natürlichen und künstlichen Dinge, die wir heute sehen, unterscheiden sich in ihrer Form weitestgehend von dem, wie sie vor einigen Tausend Jahren aussahen. Das ist nicht nur so bei Früchten, Blumen, Vögeln und Säugetieren, sondern auch bei der menschlichen Spezies, deren Aussehen ebenfalls verschiedene Wandlungen durchlaufen hat.

Die menschliche Gestalt ist in zwei Teile gegliedert, die beide spezifische Eigenschaften aufweisen: Der Kopf stellt den spirituellen Körper, der untere Teil den materiellen Körper dar. Daher hat der Kopf im Vergleich zum Körper die weitaus größere

---

5 Kala (Sanskrit): Zerstörung, Zeit (Kali, die Herrin der Zeit)

Bedeutung. Da der Kopf der einzig unverkennbare Teil eines Menschen ist, können wir einander daran erkennen. Das Gesicht drückt unser Wesen und unsere Lebensbedingungen aus und es zeugt auch von unserer Vergangenheit, Gegenwart und Zukunft.

Als der Prophet gefragt wurde, ob auch das Gesicht im Feuer der Hölle brennen würde, antwortete er: „Nein, das Gesicht wird nicht brennen, denn Allah sprach: ‚WIR haben die Menschheit nach unserem Bild erschaffen.'"[6]

Die Ähnlichkeit zwischen Dingen und Lebewesen, aber auch zwischen Vierbeinern und Vögeln oder Tieren und Menschen kann uns viel über das Geheimnis ihres Wesens verraten. Die Wissenschaften der Phrenologie und der Physiologie wurden nicht nur durch die Untersuchung des Lebens von Menschen mit verschiedenen Eigenschaften entdeckt, sondern vor allem indem die Ähnlichkeiten zwischen ihnen und Tieren untersucht wurden. Zum Beispiel wird eine Person, die die Eigenschaften eines Tigers hat, eine dominante Natur haben, die mit Mut, Wut und Grausamkeit verbunden ist. Eine Person mit dem Gesicht eines Pferdes weist eine eher dienende Natur auf; eine Person mit einem hundeähnlichen Gesicht wird kämpferisch sein, während ein mausähnliches Gesicht Schüchternheit ausweist.

Das menschliche Gesicht und die menschliche Gestalt leiten sich aus vier Quellen ab und diese erklären auch die Veränderungen, die sich in ihnen vollziehen. Es sind die vorgegebenen Eigenschaften unserer Seele, der Einfluss unserer Erbanlage, die Eindrücke aus unserer Umgebung und schließlich die Einwirkung durch uns selbst, durch unsere Gedanken und Handlungen; durch die Kleider, die wir tragen, das Essen, das wir zu uns nehmen, die Luft, die wir atmen sowie durch unsere Lebensweise. Bei der ersten dieser Quellen sind wir machtlos, denn wir

6 Hadith: Ausspruch oder Handlung Mohammeds, der oder die nicht im Koran steht.

haben keine Wahl. Es war nicht der Wunsch des Tigers, ein Tiger zu werden, noch hat der Esel sich ausgesucht, ein Esel zu werden, und das Kind hat sich nicht ausgesucht, als Junge oder Mädchen auf die Welt zu kommen. Das sagt uns, dass die erste Quelle der menschlichen Gestalt von vorgegebenen Eigenschaften abhängt, die die Seele mitbringt. Worte können die Weisheit des Schöpfers niemals angemessen zum Ausdruck bringen, der nicht nur die Welt gestaltet und geformt hat, sondern auch jedem Wesen die Gestalt gab, die dessen Bedürfnissen entspricht. Die Tiere in kalten Gegenden sind mit dickem Fell ausgestattet, das sie gegen die Kälte schützt, und auch den Säugetieren in den tropischen Gebieten wurde eine geeignete Gestalt gegeben. Den Seevögeln wurden Flügel gegeben, die für ein Leben am Meer geeignet sind, und die Vögel des Landes sind mit Flügeln ausgestattet, die für das Leben an Land geeignet sind. Vögel und Säugetiere haben die Gestalt, die mit ihren jeweiligen Lebensgewohnheiten harmoniert. Die Gestalt der Menschen kündet von deren Entwicklungsstand, ihrem Wesen, von Vergangenheit und Gegenwart genauso wie von Kultur, Nation und Umgebung, Charakter und Schicksal.

Zweitens erben wir Menschen unser Aussehen, sei es nun schön oder hässlich, von unseren Ahnen. Zum Dritten schließlich hängt unsere Form davon ab, wie wir sie gestalten. Unsere Körperform beruht auf der Harmonie und Regelmäßigkeit unserer Lebensweise sowie auf den Eindrücken, die wir von der Welt empfangen. Denn gemäß unserer Einstellung zum Leben fügt jeder Gedanke und jede Handlung dem Körper Atome hinzu, entfernt sie oder bewegt sie an einen anderen Platz und bildet so die Umrisse und Muskeln, die Form und Aussehen gestalten. Unser Gesicht drückt zum Beispiel unser Glück, unseren Kummer, unser Vergnügen, unser Unbehagen, unsere Aufrichtigkeit oder Unaufrichtigkeit aus – alles, was wir im Innern entwickelt haben. Unsere Kopfmuskeln erzählen der Phrenologie, in welchem Zustand wir uns befinden. Unsere Gedanken- und

Gefühlsformen wirken verschönernd oder machen uns hässlicher. Es liegt in der Natur der Evolution aller Lebewesen, von der untersten bis zur höchsten Ebene der Manifestation, dass sie sich durch die Verbindung mit einer vollkommeneren Form weiterentwickeln. Tiere, die sich in ihrer Entwicklung dem menschlichen Stadium nähern, ähneln primitiven Menschen, genau wie Tiere, die in Kontakt mit Menschen leben, einen Anflug von Menschenähnlichkeit in ihrer Form aufweisen. Wir können dies durch intensive Untersuchungen der charakteristischen Merkmale von Menschen der Vergangenheit sowie den Verfeinerungen, die sie darin entwickelt haben, erkennen.

Sich immer weiter in Richtung Schönheit zu entwickeln, liegt in der Natur der Schöpfung. „Gott ist schön, und Er liebt Schönheit."[7] Das Wesen des Körpers ist es, sich selbst zu verschönern, das Wesen des denkenden Geistes sind schöne Gedanken, das Herz sehnt sich nach schönen Gefühlen. Natürlicherweise wird deshalb ein Säugling jeden Tag schöner und Unwissenheit strebt nach Intelligenz. Wenn die Entwicklung in umgekehrte Richtung geht, bedeutet das, dass der Einzelne den natürlichen Verlauf der Entwicklung verlassen hat. Es gibt zwei Ausrucksformen der Schönheit, eine natürliche und eine künstliche, wobei die zweite die erste nachahmt.

7 Hadith

RHYTHMUS
MERKMAL ALLEN LEBENS

RHYTHMUS
MERKMAL ALLEN LEBENS

Bewegung ist ein zentrales Merkmal von Leben und das Gesetz der Bewegung ist Rhythmus. Rhythmus ist Leben in der Gestalt von Bewegung, und er scheint in jeder Form die Aufmerksamkeit der Menschen auf sich zu ziehen; von den Kindern, die Vergnügen an den Bewegungen einer Rassel finden und durch das Schaukeln der Wiege beruhigt werden, bis zu den Erwachsenen, deren sämtliche Spiele, Sport und Vergnügungen in irgendeiner Form versteckt Rhythmus in sich bergen, sei es Tennis, Kricket, Golf oder Boxen und Ringen. Rhythmus ist auch der wahre Geist und das Leben in den intellektuellen Vergnügungen, ob nun Dichtkunst oder Musik, Gesang oder Instrumentalmusik. Im Sanskrit gibt es die Aussage, Ton sei die Mutter der Natur, Rhythmus ihr Vater.

Wenn einem Baby einmal ein regelmäßiger Zeitrhythmus für seine Mahlzeiten angewöhnt wurde, fordert es diese genau zu dieser Zeit ein, obwohl es keine Zeitvorstellung hat. Das ist so, weil die ursprüngliche Natur des Lebens Rhythmus ist. Ein Baby beginnt das Leben auf der Erde, indem es Arme und Beine bewegt und damit den Rhythmus seines Wesens kundtut. Es belegt damit die Philosophie, dass Rhythmus das Kennzeichen von Leben ist. Wir alle tanzen gern und bezeugen damit die innere Natur der Schönheit, die sich Rhythmus als Ausdrucksform wählt.

Rhythmus führt zu einer unerklärlichen Ekstase, die mit keiner anderen Quelle von Berauschung vergleichbar ist. Tanz ist deshalb sowohl für zivilisierte als auch für sehr einfache Menschen die faszinierendste Freizeitbeschäftigung. Er entzückt Heilige und Sünder gleichermaßen. Kulturen, die sich zu stark akzentuierten Rhythmen hingezogen fühlen, sind naturgemäß sehr lebhaft und stark. Ragtime, der heutzutage[1] sehr populär ist, kam von den Schwarzen. Das Geheimnis seines Charmes liegt in den Synkopen, die dem natürlichen Rhythmus dieser Kultur entsprechen.

Der Rhythmus des Ragtime ruft eine Art Lebendigkeit sowohl bei den Spielern als auch beim Publikum hervor, und weil diese Lebendigkeit so beliebt ist, wurden die Jazz-Bands so berühmt. Bei vielen wilden Stämmen in verschiedenen Teilen der Welt sind die Tänze sehr ausgeprägt rhythmisch, was beweist, dass Rhythmus nicht nur eine Kultur ist, sondern der Natur entspringt.

Unter den Europäern haben die Spanier, Polen, Ungarn und Russen den größten Hang zum Rhythmus. Das Geheimnis des Erfolgs von russischem Ballett und spanischem Tanz liegt in deren exquisiten Rhythmen. Bei den asiatischen Ethnien beruht die Musik der Mongolen hauptsächlich auf Rhythmus, der in ihrer Musik stärker betont ist als die Melodie. Auch in türkischer und persischer Musik tritt der Rhythmus deutlich hervor und bei den Arabern gibt es eine riesige Vielfalt an Rhythmen. In Indien jedoch hat die Kultivierung des Rhythmus‘ Vollendung erreicht.

Erfahrene Musiker in Indien improvisieren eine Melodie und halten dabei während der ganzen Improvisation den gleichen Takt. Um in IndienMeistermusiker zu werden, muss man nicht nur die *ragas,* also die Tonskalen, beherrschen, sondern auch *tala,* den Rhythmus. Als Ethnie sind die Inder naturgemäß dem Rhythmus zugeneigt: Ihr Tanz *tandav nrit*[2], der Tanz des Südens, ist ein Ausdruck des Rhythmus‘ durch Bewegung.

---

1 Diese Vorträge wurden erstmals 1923 veröffentlicht.

2 Tandav nrit (Sanskrit): Ursprünglich Tanz des Shiva. Siehe auch las nrit

In der hinduistischen Wissenschaft der Musik gibt es fünf verschiedene Rhythmen, die sich hauptsächlich aus Naturbeobachtung herleiten:

1. *Catusra,* der Rhythmus mit vier Schlägen, wurde von Devas[3] und göttlichen Wesen erfunden.
2. *Tisra,* der Rhythmus mit drei Schlägen, wurde von den *rishis*[4] und Heiligen erfunden.
3. *Khanda,* der Rhythmus mit fünf Schlägen, wurde von *rak rhasas*[5] erfunden.
4. *Misra,* der Rhythmus mit sieben Schlägen, wurde von Menschen erfunden.
5. *Sankirna,* der Rhythmus mit neun Schlägen, wurde vom Mahadeva[6], dem großen Herrn der Yogis, erfunden. Er war der Tänzer des t*andav nrit* und seine Gefährtin Parvati tanzte den *las nrit.*[7]

In einer heiligen Niederschrift bewahrt die hinduistische Tradition die mystische Legende von Sri Krishna, wie er mit den *gopis*[8] tanzt. Die Geschichte erzählt, wie Krishna, ein bezaubernder junger Herr bei den Hindus, sich bei den Kuhherden aufhielt, und dass jede der jungen Frauen von seiner Schönheit und seinem Charme angezogen wurde und ihn bat, mit ihr zu tanzen. Er versprach jeder Jungfrau, die ihn darum bat, in der nächsten Vollmondnacht mit ihr zu tanzen. In der Vollmondnacht versammelten

---

3 Deva (Sanskrit): Engelseele, Gottheit

4 Rishi (Sanskrit): Seher, mythischer Weiser. (Das Wort Darshan ist damit verwandt.) Rishis können Priester, Asketen oder auch Dichter und Komponisten sein, die offenbarte Weisheiten weitergeben.

5 Rak shasa (Sanskrit): mythologisches Wesen

6 Mahadeva (Sanskrit): anderer Name für Shiva

7 Las nrit (Sanskrit): oder lasya, die weibliche Antwort Parvatis auf den Tandava-Tanz, des Zyklus der Schöpfung, Erhaltung und Auflösung des Lord Shiva.

8 Gopi (Sanskrit): Kuhhirtenmädchen, die der Mythologie nach mit Krishna tanzen.

sich sechzehnhundert *gopis,* und Krishna vollbrachte das Wunder, dass er jeder *gopi* einzeln als Krishna erschien, und alle tanzten zur gleichen Zeit mit ihrem geliebten Herrn.

Es gibt eine Tradition des Islam, in der Musik, Tanz und alle Vergnügungen streng verboten sind. Und doch gab es eine Begebenheit an einem Feiertag, wo der Prophet seine Frau Aysha rief, damit sie dem Tanz zuschauen und der Musik von Straßenmusikern lauschen konnte. Inzwischen kam sein Großkalif[9] zufällig vorbei und entrüstete sich, weil der Prophet gestattete, dass Musik vor seinem Haus gespielt wurde, obwohl er selbst solche Dinge verboten hatte. Als er der Musik der Straßenmusikanten mit dem Hinweis, dass dies das Haus des Propheten sei, ein Ende machte, verlangte Mohammed, dass sie weiterspielen sollten. Er sagte, es sei Feiertag und: „Es gibt kein Herz, das sich nicht rhythmisch bewegt."

In den Traditionen der Sufis geht *raqs,* der heilige Tanz der spirituellen Ekstase, der selbst heute noch bei den Sufis des Ostens verbreitet ist, auf die Zeit zurück, als das Herz von Jalal ad-Din Rumi in der Kontemplation des Schöpfers von der wunderbaren Wirklichkeit Seiner Erscheinung so tief berührt wurde, dass er sich ganz in der vollkommenen und einfachen Essenz der Natur auflöste. Dabei kam er in eine rhythmische Drehung, sodass der Saum seines Gewandes wie auch die Bewegung seiner Hände und seines Halses Kreise bildeten. Der Tanz der *Derwische* feiert das Andenken an diesen Augenblick der Vision. Selbst in der niederen Schöpfung drücken Säugetiere und Vögel ihre Freude immer in Tanz aus. Ein Vogel wie der Pfau, wenn er seine eigene Schönheit sowie die des Waldes um ihn herum bewusst wahrnimmt, drückt seine Freude im Tanz aus. Tanz ruft Leidenschaft und Emotion in allen Lebewesen hervor.

Im Osten und besonders in Indien, wo das Leben der

---

9 Kalif (arabisch): Stellvertreter (und später auch die Nachfolger) von Mohammed

Menschen seit Jahrhunderten auf psychologischen Prinzipien beruht, wird in den königlichen Prozessionen oder bei Audienzen das Schlagen der Trommeln als Mittel eingesetzt, um den Menschen einen Eindruck königlicher Größe zu vermitteln; das gleiche Schlagen der Trommeln findet bei Hochzeitszeremonien sowie bei den Gottesdiensten in den Tempeln statt.

Um die Emotionen zu wecken, die bei den meisten Menschen schlafen, gibt es bei den Sufis rhythmische Übungen, die Körper und Geist ganzheitlich in rhythmische Schwingungen versetzen. In allen Menschen besteht bewusst oder unbewusst ein Hang zum Rhythmus. Bei den Europäern wird Vergnügen durch Händeklatschen ausgedrückt, und zum Abschied winken sie mit der Hand – auch dies ein Ausdruck von Rhythmus.

Alle Arbeit und alle Mühen, gleich wie hart und schwierig sie sind, werden durch die Macht des Rhythmus' auf die eine oder andere Weise leicht gemacht. Diese Beobachtung eröffnet den Denkern eine noch größere Tiefe beim Studium des Lebens.

Rhythmus ist in all seinen Gestalten, sei es nun Spiel, Theater, Spaß, Poesie, Musik oder Tanz, das wahre Wesen unseres ganzen Erscheinungsbildes. Denn der ganze Mechanismus des Körpers arbeitet rhythmisch, sei es der Pulsschlag, der Herzschlag, der Puls des Kopfes, der Blutkreislauf, Hunger und Durst – alles geschieht rhythmisch, und wenn dieser Rhythmus gestört wird, nennen wir das Krankheit. Wenn ein Kind weint und die Mutter weiß nicht, was ihm fehlt, hält sie es in ihren Armen und klopft ihm leicht auf den Rücken. Das bringt den Blutkreislauf, den Puls und den ganzen Körpermechanismus wieder in Takt. Mit anderen Worten: Es bringt den ganzen Körper in Ordnung und beruhigt das Kind. Kinderreime, die in verschiedenen Formen auf der ganzen Welt bekannt sind, muntern das Kind auf, indem sie sein ganzes Wesen in Rhythmus bringen. Deshalb verlassen sich Ärzte auf nichts stärker als auf die Untersuchung des Pulses, sowie des Herzschlags und der Bewegungen der Lunge in Brust und Rücken, um die wahre Natur einer Krankheit zu entdecken.

Rhythmus spielt nicht nur die wichtigste Rolle im Körper, sondern auch im Gemüt. Der Wechsel zwischen Freude und Sorge, das Auftauchen und Vergehen von Gedanken, ja das ganze Wirken des Gemüts weist Rhythmus auf; gleichermaßen scheint jede Verwirrung und Verzweiflung auf einen Mangel an Rhythmus im Gemüt zu beruhen. In alten Zeiten regten die Heiler im Osten, ganz besonders in Indien, die Emotionen der Patienten an, um sie von allen psychischen Beschwerden, wie Besetzungen oder den Auswirkungen von Magie, zu heilen. Sie taten dies durch den einfühlsamen Rhythmus ihres Trommelns und Singens, wobei sie gleichzeitig die Patienten den Kopf im Takt der Musik auf- und abschwingen ließen. Das wühlte die Emotionen der Patienten auf und veranlasste sie, das Geheimnis ihres Leidens mitzuteilen, welches zuvor unter einer Schicht aus Angst, Konvention und gesellschaftlichen Formen verborgen gewesen war. Die Patienten offenbarten unter dem Zauber, den der Rhythmus hervorbrachte, dem Heiler alles, und so konnte der Heiler den Ursprung der Krankheit entschlüsseln.

Die Worte *gedankenvoll* und *gedankenleer* bezeichnen einen rhythmischen oder unrhythmischen Zustand des denkenden Geistes. Auch Ausgeglichenheit, die einzig tragende Kraft im Leben, wird durch Rhythmus erhalten. Die Basis der Atmung, die Geist und Körper zusammenhält und die auch das Gemüt mit der Seele verbindet, beruht darauf, dass sie den Rhythmus in jedem Augenblick des Schlafens und Wachens aufrechterhält. Ein- und Ausatmen können wir mit der Bewegung des Pendels einer Uhr vergleichen. Der Atem hält alle Kraft und Energie aufrecht, und er ist das Anzeichen für Leben, wobei es zu seinem Wesen gehört, abwechselnd rechts und links zu fließen. Dies alles beweist, dass Rhythmus von höchster Bedeutung für das Leben ist. Rhythmus ist uns Menschen angeboren und er erhält unsere Gesundheit. Deshalb hängen alle Dinge des Lebens vom Rhythmus ab. Erfolg und Misserfolg, richtiges und falsches Handeln, sie alle hängen auf die eine oder andere Weise von der Änderung des Rhythmus' ab.

Das Fliegen der Vögel funktioniert durch rhythmische Bewegung der Flügel und in gleicher Weise lassen rhythmische Kontraktionen den Fisch schwimmen und die Schlange gleiten. Gründliche Beobachtung zeigt uns, dass das ganze Universum ein einziger Mechanismus ist, der rhythmusgesteuert funktioniert. Das Heben und Senken der Wellen, Ebbe und Flut der Gezeiten, Zu- und Abnehmen des Mondes, Sonnenaufgang und Sonnenuntergang, der Wechsel der Jahreszeiten, die Bewegungen der Erde und der Planeten, das ganze kosmische System, ja die Zusammensetzung des ganzen Universums, funktionieren alle nach dem Gesetz des Rhythmus'. Rhythmische Zyklen – wobei größere Zyklen und kleinere Zyklen einander durchdringen – erhalten die ganze Schöpfung in ihrer schwingenden Bewegung.

Dies weist auf den Ursprung der Schöpfung hin: Bewegung entstand aus dem stillen Leben und jede Bewegung ist notwendigerweise mit Dualität verbunden. Sobald wir einen Stock bewegen, wird diese eine Bewegung zwei Punkte hervorrufen: dort, wo die Bewegung beginnt und dort, wo sie endet; der eine stark, der andere schwach. Ein Dirigent würde dazu „eins, zwei" zählen. „Eins, zwei" hat einen betonten und einen unbetonten Akzent. Eine Bewegung mit zwei Wirkungen, jede klar unterschieden von der anderen. Dieses Mysterium ist in allen dualen Aspekten, in allen Phasen und Formen des Lebens verborgen. Anlass, Ursprung und Bedeutung allen Lebens liegt im Rhythmus.

Es gibt eine psychologische Auffassung über Rhythmen, die in der Poesie oder Musik verwendet werden, die so erklärt werden kann: Jeder Rhythmus hat eine gewisse Wirkung, nicht nur auf den physischen und mentalen Körper von Dichtern und Musikerinnen und auf diejenigen, für die die Poesie geschrieben wurde oder das Lied gesungen wird, sondern auch auf deren Lebensumstände.

Das heißt, man glaubt, dass die jeweiligen Rhythmen sowohl den Poeten oder Musikerinnen als auch deren Zuhörern Glück oder Unglück bringen. Die Idee ist, dass im Ursprung jeglicher Aktivität konstruktiver oder destruktiver Rhythmus verborgen liegt, sodass das Schicksal aller Angelegenheiten vom Rhythmus der Aktivität abhängt. Ausdrücke der Alltagssprache wie: „Er kam zu spät“ oder „es wurde zu früh gemacht“ oder „das kam genau rechtzeitig“ weisen alle auf den Einfluss von Rhythmus auf die Umstände hin. Begebenheiten wie das Sinken der Titanic oder die erstaunlichen Wandlungen, die während des letzten Krieges[10] stattfanden, können, wenn wir sie genauer betrachten, dem Rhythmus zugeschrieben werden, der sowohl auf der Gedankenebene als auch auf physischer Ebene wirkte.

In Indien gibt es einen Aberglauben, dass, wenn eine Person gähnt, eine andere anwesende Person entweder mit den Fingern schnalzen oder in die Hände klatschen muss. Die verborgene Bedeutung dabei ist, dass Gähnen ein Zeichen ist, dass der Rhythmus langsamer wird; durch das Fingerschnalzen oder Händeklatschen soll der Rhythmus wieder in seinen ursprünglichen Zustand gebracht werden. Ein muslimisches Kind bewegt den Kopf nach hinten und vorn, während es den Koran liest. Allgemein wird angenommen, dass dies eine respektvolle Verbeugung vor den heiligen Worten ist, die gelesen werden, aber psychologisch gesehen hilft es dem Kind, den Koran auswendig zu lernen, indem es den Kreislauf reguliert und das Gehirn empfänglich macht, so wie man manchmal eine Flasche schütteln muss, wenn man sie füllt, damit mehr Raum darin entsteht. Das können wir auch beobachten, wenn wir mit dem Kopf nicken, weil wir mit etwas einverstanden sind, oder ihn schütteln, wenn wir etwas nicht akzeptieren können.

10 Erster Weltkrieg

Alle automatischen Maschinen werden nach den Regeln des Rhythmus‘ eingerichtet und in Gang gehalten; ein weiterer Beweis für die Tatsache, dass das ganze Universum auf dem Gesetz des Rhythmus‘ beruht.

MUSIK
EINE UNIVERSALE SPRACHE

MUSIK
EINE UNIVERSALE SPRACHE

Wenn wir auf die Musik der Natur achten, entdecken wir, dass alles hier auf der Erde zu ihrer Harmonie beiträgt. Die Äste der Bäume wehen fröhlich im Takt des Windes. Der Klang des Meeres, das Gesäusel der Brise, das Pfeifen des Windes über die Felsen, Hügel und Berge; der Blitzschlag und der Schall des Donners; die Harmonie der Bewegungen von Sonne und Mond, von Sternen und Planeten; das Blühen der Blumen, das Verwelken der Blätter; der stetige Wechsel von Morgen, Abend, Mittag und Nacht: Die Weisen hören in all dem die Musik der Natur.

Die Insekten veranstalten ihre Konzerte und Ballettaufführungen, die Chöre der Vögel singen vereint ihre Lobeshymnen. Hunde und Katzen feiern ihre Orgien, Füchse und Wölfe haben ihre Abendkonzerte im Wald, während Tiger und Löwen ihre Opern in der Wildnis aufführen. Für Vögel und Vierbeiner ist Musik das einzige Verständigungsmittel. Sie drückt sich in den verschiedenen Tonhöhen, der Lautstärke, der Art der Melodie, der Anzahl der Wiederholungen und der Länge ihrer verschiedenen Laute aus. Diese zeigen ihren Mitgeschöpfen an, wann es Zeit wird, sich der Herde anzuschließen, sie warnen vor Gefahren, fordern zum Kampf heraus, vermitteln das Gefühl der Liebe und des Mitgefühls, der Unzufriedenheit, der Leidenschaft, des Ärgers, der Angst und Eifersucht; es ist eine eigene Sprache.

Der Atem ist ein durchgängiger Laut im Menschen und

Herzschlag, Puls und Kopfpuls[1] halten einen stetigen Rhythmus. Noch bevor es sprechen gelernt hat, reagiert ein Kleinkind auf Musik; es bewegt Hände und Füße im Rhythmus und drückt Behagen und Schmerz durch verschiedene Laute aus.

Am Anfang, als der Mensch gerade erschaffen war, gab es keine Sprache, wie wir sie heute kennen, sondern nur Musik. Die Menschen drückten ihre Gedanken und Gefühle zunächst durch tiefe, hohe, langsame und verlängerte Töne aus. Die tiefen Töne zeigten Stärke und Macht, die hohen Töne waren Ausdruck von Liebe und Weisheit. In der Vielfalt ihres musikalischen Ausdrucks vermittelten die Menschen Aufrichtigkeit oder Unaufrichtigkeit, Zuneigung oder Abneigung, Wohlbehagen oder Missfallen.

Dadurch, dass die Zunge verschiedene Punkte im Mund berührte und sich die Lippen auf verschiedene Weise öffneten und schlossen, wurden viele unterschiedliche Töne gebildet. Die Anordnung der Töne formte Worte, die durch verschiedene Ausdrucksweisen unterschiedliche Bedeutungen vermittelten. So wurde Musik allmählich in Sprache verwandelt, auch wenn sich die Sprache nie ganz von der Musik lösen konnte.

Ein und dasselbe Wort kann Unterwürfigkeit anzeigen, wenn es auf die eine Weise ausgesprochen wird, und einen Befehl ausdrücken, wenn es in einem anderen Tonfall gesprochen wird. Ein Wort drückt, in einem bestimmten Tonfall, Freundlichkeit aus, in einem anderen Tonfall geäußert, Kälte. Worte, die in einem bestimmten Rhythmus gesprochen werden, zeigen Bereitschaft an, wobei dieselben Worte in einer anderen Sprechgeschwindigkeit Unwilligkeit ausdrücken. Bis zum heutigen Tag können die alten Sprachen – Sanskrit, Arabisch und Hebräisch – nicht durch einfaches Lernen von Worten, Aussprache und Grammatik beherrscht werden, da ein besonderer rhythmischer und tonaler Ausdruck erforderlich ist. Das Wort an sich reicht oft nicht aus,

1 Cranio-Rhythmus der Zerebralflüssigkeit

um eine Bedeutung klar zu vermitteln. Sprachschüler können dies durch intensives Studium entdecken.

Selbst moderne Sprachen sind nur eine Vereinfachung von Musik. In keiner Sprache kann auch nur ein Wort ohne Differenzierung von Klang, Tonhöhe, Rhythmus, Betonung, Pause und Ruhe ausgesprochen werden. Wie einfach eine Sprache auch ist, sie existiert nicht ohne ihre innere Musik; die Musik gibt ihr einen konkreten Ausdruck. Deshalb können wir nur sehr selten eine Fremdsprache perfekt sprechen; wir lernen die Worte, aber ihre Musik beherrschen wir nicht wirklich.

Sprache kann als die Vereinfachung von Musik bezeichnet werden. Musik ist in der Sprache verborgen, so wie die Seele im Körper verborgen ist; bei jeder Stufe der Vereinfachung verlor die Sprache etwas von ihrer Musik. Studieren wir die alten Überlieferungen, erkennen wir, dass die ersten göttlichen Botschaften als Lieder vermittelt wurden – wie die Psalmen von David[2], das Lied des Salomon[3], die Gathas von Zarathustra[4] und die Gita[5] von Krishna[6].

Als die Sprache komplexer wurde, verschloss sich der Sinn für den Ton – es ist der eine ihrer Flügel, während der andere Flügel, der Sinn für Rhythmus, ausgebreitet blieb. Dies hat dazu geführt, dass die Dichtkunst eine eigene, von der Musik gesonderte Kunstform wurde. In alten Zeiten wurden Religion, Philosophie, Wissenschaft und Kunst in Poesie ausgedrückt.

2 David, biblischer Prophet des Alten Testaments, etwa 1000 v. Chr.

3 Salomon, biblischer Prophet des Alten Testaments im 1. Jahrhundert v. Chr.; Sohn Davids

4 Gatha: Gesang; Zarathustra: Prophet, Religionsgründer in Persien im 1. oder 2. Jahrhundert v. Chr. Er gilt als Gründer des monotheistischen Glaubens der Mazdaräer (Ahura Mazda als Schöpfergott).

5 Bhagavad Gita (Sanskrit): Gita: Gesang, Gedicht; Bhagavan: der Erhabene, Gott. Zentrale Schrift des Hinduismus aus dem 5. bis 2. Jahrhundert v. Chr.

6 Krishna (Sanskrit): „der Schwarze, der Dunkle" (wg. seiner Hautfarbe): 8. Inkarnation des Hindugottes Vishnu. Vermutlich etwa 3000 v. Chr.

Die Veden[7], Puranas[8], das Ramayana[9], Mahabharata[10], Zend Avesta[11], Kabbala[12] und Bibel[13] sind in Versform geschrieben, wie auch verschiedene Texte der Künste und Wissenschaften in den antiken Sprachen. Von den heiligen Schriften ist nur der Koran[14] in Prosa geschrieben und selbst diesem fehlt die Poesie nicht. Im Osten wurden bis in die jüngste Zeit nicht nur wissenschaftliche Manuskripte, Kunst und Literatur in poetischer Form verfasst, die Gebildeten unterhielten sich sogar in Versen. Auf der nächsten Stufe lösten die Menschen die Sprache vom Rhythmus und machten aus der Poesie Prosa. Doch obwohl die Menschen versucht haben, die Sprache aus den Fesseln von Ton und Rhythmus zu lösen, lebt der Geist der Musik darin noch immer. Die Menschen schätzen Gedichte oder gut gelesene Prosa, ein Beweis dafür, dass die Seele sich nach Musik sehnt, selbst im gesprochenen Wort.

Die Mutter beruhigt ihr Baby mit Summen, sodass es schlafen kann; zu lebhafter Musik möchte es tanzen. Der Mut und die Kraft der Soldaten, wenn sie in die Schlacht ziehen, werden durch Musik verdoppelt. Wenn im Osten die Pilgerkarawanen von Ort

---

7 Veda (Sanskrit): „Wissen, heilige Lehre"; Veden: eine Sammlung religiöser Texte im Hinduismus

8 Purana (Sanskrit): „alte Geschichte"; Puranas gelten als heilige Schriften des Hinduismus

9 Ramayana (Sanskrit): „der Gang Ramas"; indisches Nationalepos, das von Rama und Sita erzählt

10 Mahabharatha: ältestes und wichtigstes indisches Nationalepos, von dem die Bhagavad Gita ein Teil ist

11 Zend Avesta: Mittelpersische Kommentare und Übersetzungen des Avesta, des heiligen Buchs der Religion Zarathustras

12 Kabbala (hebräisch): „das Überlieferte"; mystische Tradition des Judentums, die die unmittelbare Beziehung zu Gott sucht

13 Bibel (altgriechisch Biblon): „Papyrus-Rolle"; heilige Schrift der Christen, bestehend aus dem Alten Testament (heilige Überlieferungen der Juden, die oft im Versmaß sind, und dem Neuen Testament, das in Prosa verfasst ist)

14 Koran (arabisch Qur'an): „Lesung"; heilige Schrift des Islam, wörtlich: „Offenbarung Gottes (Allahs) an Prophet Mohammed"

zu Ort ziehen, singen die Menschen beim Gehen. In Indien singen die Lastenträger bei der Arbeit und die Musik lässt ihnen die härteste Arbeit leicht werden. Eine alte Legende erzählt, wie die Engel auf Geheiß Gottes sangen, um die sich sträubende Seele zu verleiten, in den Körper Adams zu inkarnieren. Die Seele, berauscht vom Engelsgesang, schlüpfte in den Körper, den sie als Gefängnis empfand.

Alle Spiritisten, die wirklich in die Tiefen des Spiritualismus eingetaucht sind, wissen, dass es kein besseres Mittel als Musik gibt, um die Seelen aus der Ebene, in der sie frei sind, in die äußere Welt zu ziehen. Sie verwenden unterschiedliche Instrumente, die für die jeweiligen Seelen anziehend wirken – dabei singen sie Lieder, die eine besondere Wirkung auf die Seele haben, mit der sie kommunizieren wollen. Kein Zauber wirkt auf die menschliche Seele stärker als Musik.

Der Sinn für Musik ist ein dem Menschen angeborener Instinkt, der sich schon beim Säugling bemerkbar macht. Kinder kennen Musik von der Wiege an; wenn sie jedoch dann in dieser Welt der Illusion aufwachsen, wird ihr Gemüt von so vielen verschiedenen Dingen absorbiert, dass sie den Geschmack an der Musik verlieren, die einmal Teil ihrer Seele war. Als Erwachsene genießen und schätzen sie Musik entsprechend ihres Entwicklungsstandes sowie des Zustandes der Umgebung, in die sie hineingeboren wurden und in der sie aufgewachsen sind. Wuchsen sie in der Wildnis auf, singen sie ihre wilden Gesänge, in der Stadt ihre populären Lieder. Je feiner wir werden, desto feinere Musik lieben wir. Der Einfluss unseres Charakters lässt uns entsprechend verwandte Musik lieben. Mit anderen Worten: Die Fröhlichen genießen leichte Musik, die Ernsthaften ziehen Klassik vor; die Intellektuellen erfreuen sich an der Methodik, während die Einfachen mit ihren Trommeln zufrieden sind.

In der Kunst der Musik gibt es fünf verschiedene Richtungen: die volkstümliche, die den Körper in Bewegung bringt; die technische, die den Intellekt zufriedenstellt; die künstlerische, die schön und anmutig ist; die eindringliche, die Eingang in das Herz findet; die erhebende, in der die Seele die Musik der Sphären hört.

Die Wirkung von Musik hängt nicht nur von den Fähigkeiten, sondern auch vom Entwicklungsstand des Künstlers ab. Die Wirkung auf die Zuhörer entspricht deren Entwicklungsstand und Wissen. So unterscheidet sich der Wert der Musik für jeden Einzelnen. Die Selbstzufriedenen allerdings haben keine Chance auf Fortschritt, denn sie bleiben völlig zufrieden bei ihrem Geschmack, der ihrem jeweiligen Entwicklungsstand entspricht. Sie weigern sich, auch nur einen Schritt über ihre momentane Stufe hinaus zu tun. Wer jedoch stetig auf dem Pfad der Musik fortschreitet, wird am Ende höchste Perfektion erreichen. Keine Kunst kann wie die Musik die Persönlichkeit inspirieren und sie sanftmütiger machen; wer Musik liebt, erreicht früher oder später die außergewöhnlichsten Regionen des Denkens.

Indien hat die Mystik von Klang und Gestimmtheit, die von den Ältesten entdeckt wurde, bewahrt; dies wird auch in seiner Musik deutlich.

Die indische Musik basiert auf dem Raga-System[15], was zeigt, dass sie der Natur ähnlich ist. Es vermeidet technische Begrenzungen, indem es eine rein intuitive Herangehensweise vorsieht.

Ragas entstammen fünf verschiedenen Quellen:

1. dem mathematischen Gesetz der Vielfalt
2. der Inspiration der Mystiker
3. der Imagination der Musiker
4. den natürlichen Melodien (Volksliedern), die in verschiedenen Regionen eines Landes gesungen werden

15 Raga-System: Melodisches Konzept der klassischen indischen Musik aus Hunderten von Tonleitern, von denen 30 recht bekannt sind. Die Ragas spiegeln Stimmungen wider.

5. der Idealisierung durch die Poeten, die eine Welt von *ragas* erschufen und ihnen Namen gaben wie *rag* (die männliche), *ragini* (die weibliche), *putra* (Söhne) oder *bharja* (Schwiegertöchter)

Ein männliches Thema wird *raga* genannt, weil es kreativ und positiv ist. Ein weibliches Thema heißt wegen seines empfänglichen und feinen Wesens *ragini*. *Putras* werden Themen genannt, die aus einer Mischung von *ragas* und *raginis* entstehen. In ihnen können wir Anklänge an die *raga* und die *ragini* finden, von denen sie abstammen. Bharja ist das Thema, das mit *putra* korrespondiert. Es gibt sechs *ragas*, sechsunddreißig Raginis (wobei sechs zu jeder Raga gehören), achtundvierzig Putras und achtundvierzig Bharjas in dieser Familie.

Jeder Raga hat eine eigene Verwaltung, bestehend aus einem Anführer, *mukhya*, dem Grundton; einem König, *wadi*, der Hauptnote; dem Minister, *samwadi*, einer untergeordneten Note, sowie dem Feind, *anwadi*, einer dissonanten Note. Einem Ragaschüler vermittelt dies eine klare Vorstellung davon, wie sie verwendet werden. Jeder Raga hat seine eindeutig unterscheidbare Ausdrucksform, dies bedarf höchster Imaginationskraft.

Die Dichter haben diese Ausdrucksformen der Ragas beschrieben, weil jeder Aspekt des Lebens ein klares Bild in der Vorstellungswelt des Intellekts hinterlässt. Die antiken Götter und Göttinnen sind schlicht Darstellungen der verschiedenen Aspekte des Lebens. Ihre unterschiedlichen Bilder wurden zur Verehrung aller Aspekte der göttlichen Manifestation in den Tempeln aufgestellt, um die Anbetung des immanenten Gottes in der Natur zu lehren. Dieselbe Idee wurde in den Ausdrucksformen der Ragas angewandt, die mit sehr verfeinerter Vorstellungskraft den Typus, die Form, die Ausführung, den Ausdruck und die Wirkung des Ideals nachbilden.

Jede Stunde des Tages und der Nacht, jeder Tag, jede Woche,

jeder Monat, jede Jahreszeit hat ihren Einfluss auf die körperliche und psychische Verfassung eines Menschen. Genauso hat jeder Raga einen starken Einfluss auf das Umfeld, das Gemüt und die Gesundheit eines jedes Menschen – die gleiche Wirkung, die die unterschiedlichen Zeiten, dem kosmischen Gesetz folgend, auf das Leben haben. In ihrem Wissen sowohl über die Zeit als auch über die Raga*s* haben die Weisen beide miteinander verbunden, damit sie zueinander passen. Es gibt Beispiele in den alten Traditionen, wo Vögel und Säugetiere durch die Flöte Krishnas verzaubert wurden, Felsen durch den Gesang des Orpheus schmolzen, und die *dipak* Raga[16] des Tansen alle Fackeln entzündete, während er selbst durch das innere Feuer, das sein Lied entfachte, brannte. Selbst heute noch werden Schlangen durch die *pungi*[17] der Schlangenbeschwörer verzaubert. All das zeigt uns, wie tief die Alten in den höchst geheimnisvollen Ozean der Musik eintauchten.

Das Geheimnis des Komponierens liegt darin, den Grundton so stabil und lange wie möglich durch all die verschiedenen Stufen hindurch zu halten. Ein Bruch zerstört sein Leben, seine Anmut, seine Kraft und seinen Magnetismus. Das ist wie beim Atem, der Leben in sich trägt, und alle Anmut, alle Kraft und allen Magnetismus besitzt. Manche Töne brauchen ein längeres Leben als andere, je nach Charakter und Zweck.

In einer echten Komposition erkennen wir eine Miniatur der Musik der Natur. Die Effekte von Donner, Regen und Sturm sowie die Darstellung von Hügeln und Flüssen machen Musik zu einer wahren Kunst. Auch wenn Kunst eine Improvisation über die Natur ist, so ist sie doch nur authentisch, wenn sie naturnah bleibt. Musik, die das Wesen von Einzelmenschen, Nationen oder

---

16 Rag Dipak: Feuer-Raga, die aufgrund dieser Geschichte nicht gern gesungen wird.

17 Pungi: Einfachrohrblasinstrument speziell zur Schlangenbeschwörung, sonst auch als Borduninstrument eingesetzt.

Ethnien ausdrückt, ist noch höher anzusiedeln. Die höchste und idealste Form der Komposition ist jene, die Leben, Charakter, Emotionen und Gefühle ausdrückt, denn aus ihnen besteht die Innenwelt, die nur mit dem geistigen Auge gesehen werden kann. Ein Genie nutzt Musik als Sprache, um ohne Worte auszudrücken, was auch immer es in die Welt bringen möchte. Denn Musik – als vollkommene und universelle Sprache – kann Gefühle weitaus tiefer und verständlicher ausdrücken, als Sprache es je könnte.

Musik verliert ihre Freiheit, wenn sie den Gesetzen der Technik unterworfen wird. Mystiker jedoch befreien in ihrer heiligen Musik sowohl ihre Kompositionen als auch ihre Improvisationen von den Begrenzungen des Formalen, ohne sich um die Anerkennung der Welt zu kümmern,

Die Kunst der Musik wird im Osten *kala* genannt und hat drei Erscheinungsformen: vokal, instrumental und dynamisch.

Vokalmusik wird als die höchste angesehen, denn sie ist natürlich. Die Wirkung, die durch Instrumente hervorgebracht wird, die ja nur Hilfsmittel sind, ist nicht vergleichbar mit der der menschlichen Stimme. Wie vollendet Saiteninstrumente auch immer sein mögen, sie können doch nicht den gleichen Eindruck auf die Zuhörer haben wie die Stimme, die als Atem direkt der Seele entstammt und durch das Gemüt und die Stimmorgane des Körpers zum Vorschein kommt. Wenn die Seele sich durch die Stimme ausdrücken möchte, verursacht sie zunächst eine Aktivität im Denken und Fühlen. Das Gemüt ruft dann mittels Gedankentätigkeit feinere Schwingungen in der Psyche wach, die sich ihrerseits entwickeln und als Atem durch den Bauch- und Brustraum, durch Mund, Kehle und Nase strömen. Dabei versetzen sie die Luft in Schwingungen, bis diese sich als Stimme manifestieren. So ist also die Stimme der natürliche Ausdruck des Denkens und Fühlens, egal ob wahr oder falsch, aufrichtig oder nicht.

Die Stimme hat eine Anziehungskraft, die andere Instrumente

nicht haben, denn die Stimme ist das vollendete Instrument der Natur, nach deren Vorbild alle anderen Instrumente der Welt gebaut werden.

Die Wirkung des Gesangs hängt von der Tiefe des Gefühls der Singenden ab. Die Stimmen von mitfühlenden Sängern sind sehr verschieden von den Stimmen derer, deren Herz verschlossen ist. Wie künstlerisch gebildet eine Stimme auch ist: Wenn nicht auch das Herz kultiviert ist, wird sie niemals Gefühl, Anmut und Schönheit hervorbringen. Gesang kommt aus zwei interessanten Quellen: aus der Anmut der Musik und der Schönheit der Poesie. Die Wirkung auf die Zuhörer entspricht dem Ausmaß, in dem die Sänger die von ihnen gesungenen Worte auch fühlen. Das Herz der Singenden begleitet sozusagen die Worte.

Auch wenn der Klang eines Instruments nicht mit der Stimme erzeugt werden kann, so sind doch die Instrumente völlig vom Menschen abhängig. Dies veranschaulicht sehr deutlich die Idee, dass die Seele den denkenden und fühlenden Geist nutzt, während der Geist wiederum den Körper regiert; und doch sieht es aus, als würde der Körper arbeiten, nicht der Geist, und die Seele wird ganz außer Acht gelassen. Wenn wir den Klang der Instrumente hören und die Hände der Spieler bei ihrer Arbeit sehen, erkennen wir weder den dahinter wirkenden Geist noch das Phänomen der Seele.

Bei jedem Schritt vom inneren Wesen hin zur äußeren Welt entsteht ein sichtbarer Fortschritt, der immer positiver zu werden scheint; und doch bringt jeder Schritt hin zur Oberfläche Begrenzung und Abhängigkeit mit sich.

Es gibt nichts, das nicht fähig ist, als Medium für Klang zu dienen, auch wenn sich Töne klarer durch einen mitschwingenden, hohlen Klangkörper verwirklichen als durch feste Körper, sind die Erstgenannten doch durchlässig für Schwingungen und die Letzteren verschlossen. Alle Dinge mit einem klaren Klang weisen auf Lebendigkeit hin, während feste Körper, vollgestopft mit Materie, tot zu sein scheinen. Resonanz entsteht, wenn der Ton gehalten wird; anders gesagt: Durch das Aufprallen des Tons wird ein Echo erzeugt. Nach diesem Prinzip sind alle Instrumente gebaut. Der Unterschied liegt in der Qualität und Quantität des Tones, diese wiederum hängen von der Bauart des Instruments ab. Schlaginstrumente wie Trommel und Tabla eignen sich für allgemein anwendbare Musik, während Saiteninstrumente wie Sitar, Violine oder Harfe für künstlerische Musik gedacht sind. Die *vina*[18] ist speziell dafür gebaut, um Schwingungen zu konzentrieren; da sie einen leisen Ton erzeugt, den nur die Spielenden selbst hören können, wird sie zur Meditation verwendet.

Auch die Wirkung von Instrumentalmusik hängt vom Entwicklungsstand der spielenden Person ab, die ihren Reifegrad mit ihren Fingerspitzen auf dem Instrument ausdrückt – das heißt, die Seele spricht durch das Instrument. Die Gemütsverfassung einer Person kann daran abgelesen werden, wie sie sich einem Instrument, gleich welchem, zuwendet, denn wir können die Anmut und Schönheit, die die Herzen berührt, nicht durch reine Kunstfertigkeit vermitteln, wenn unser inneres Fühlen nicht entwickelt ist.

Blasinstrumente wie die Flöte oder die *alghoza*[19] drücken ganz speziell die Qualität des Herzens aus, denn sie werden mit dem Atem, dem Leben selbst, gespielt. Daher entzünden sie das Herzensfeuer.

Saiteninstrumente mit Darmsaiten haben eine lebendige Wirkung, denn sie kommen von einem Lebewesen, das einst ein Herz besaß. Jene mit Stahlsaiten haben eine mitreißende Wirkung und Schlaginstrumente wie die Trommel wirken stimulierend und anregend auf die Menschen.

---

18 Vina: Lautenähnliches Saiteninstrument der klassischen indischen Musik

19 Alghoza: längs geblasene Bambusflöte mit zwei Röhren in der volkstümlichen nordindischen Musik

Nach der Vokal- und Instrumentalmusik kommt die dynamische Musik des Tanzes. Das Wesen der Bewegung ist Schwingung. Jede Bewegung trägt Gedanken und Gefühle in sich. Diese Kunst ist den Menschen angeboren. Das erste Vergnügen des Säuglings in seinem Leben ist, sich an den Bewegungen seiner Hände und Füße zu erfreuen. Ein Kind beginnt sich zu bewegen, wenn es Musik hört. Selbst Säugetiere und Vögel drücken ihre Freude in Bewegung aus. Der Pfau, im Stolz über seine Schönheit, zeigt seine Eitelkeit im Tanz; in gleicher Weise entfaltet die Kobra ihre Halskrause und wiegt ihren Körper, wenn sie die Musik der *pungi* hört. Das macht klar, dass Bewegung das Kennzeichen für Leben ist, und sie bringt, wenn sie durch Musik begleitet wird, sowohl die Vorführenden als auch die Zuschauer in Bewegung.

Die Mystiker haben dies immer als heilige Kunst erachtet. In den hebräischen Schriften können wir lesen, dass David vor dem Herrn tanzte, und die Götter und Göttinnen der Griechen, Ägypter, Buddhisten und Brahmanen werden in unterschiedlichen Körperhaltungen dargestellt, die alle eine bestimmte Bedeutung und Philosophie haben, die mit dem großen kosmischen Tanz zusammenhängt – der Evolution.

Selbst heute noch findet bei den Sufis des Ostens während ihrer Zusammenkünfte, die *sama'*[20], genannt werden, Tanz statt. Die Derwische lassen ihrer Ekstase während der sama' freien Lauf in den *raqs*[21], die von den Anwesenden mit Ehrerbietung und höchstem Respekt betrachtet werden und eine eigene heilige Zeremonie darstellen.

Die Kunst des Tanzes ist stark degeneriert, was ihrem Missbrauch geschuldet ist: Größtenteils tanzen die Menschen

20 Sama (arabisch): das Hören – Sufipraxis des Zuhörens (meist in Gruppenzusammenkünften mit Gesang und Tanz).

21 Raqs steht heute oft für Bauchtanz, wird aber von Hazrat Inayat Khan für den (Dreh)Tanz der Derwische (Whirling) benutzt.

für ihr Vergnügen oder als Training und missbrauchen die Kunst dabei für ihre Oberflächlichkeit.

Melodie und Rhythmus haben die Tendenz, in uns den Wunsch zu tanzen zu wecken. Zusammenfassend können wir sagen, dass Tanz ein anmutiger Ausdruck von Denken und Fühlen ohne Worte ist. Er kann auch dazu dienen, die Seele durch Bewegung zu beeindrucken, indem wir durch sie ein Idealbild vor ihr aufbauen. Wenn die Schönheit der Bewegung dazu verwendet wird, das Gottesideal darzustellen, wird der Tanz heilig.

Die Musik des Lebens zeigt ihre Melodie und Harmonie in unseren Alltagserfahrungen. Jedes gesprochene Wort ist in Bezug auf unsere Idealvorstellungen entweder eine richtige oder eine falsche Note. Der Tonfall des einen Charakters ist so hart wie der eines Horns, während der Tonfall einer anderen so weich wie die hohen Töne einer Flöte sind. Die allmähliche Evolution der Schöpfung von einem niederen zu einem höheren Entwicklungsstand und die Verwandlungen ihres Erscheinungsbildes sind der Wechsel einer Melodie von einer Tonart in eine andere, wie beim Transponieren in der Musik. Freundschaft und Feindschaft unter den Menschen, ihre Vorlieben und Abneigungen sind wie Akkorde und Dissonanzen. Die Ausgeglichenheit der menschlichen Natur sowie der menschliche Hang zu Anziehung und Ablehnung sind wie die Effekte konsonanter und dissonanter Intervalle in der Musik.

In der Zärtlichkeit des Herzens wandelt sich der Ton in einen Halbton, und wenn das Herz bricht, bricht der Ton in Mikrotöne auf. Je liebevoller das Herz wird, umso voller wird der Ton; je härter das Herz, desto lebloser klingt es.

Jede Note, jede Tonleiter und jede Melodie endet zu gegebener Stunde. Und so kommt am Ende des Erlebens der Seele auf dieser Welt das Finale. Die Wirkung davon aber bleibt wie ein Konzert im Traum vor dem strahlenden Blick des Bewusstseins bestehen.

Mit der Musik des Absoluten erklingt der Bass als beständiger Unterton; an der Oberfläche des Seins wird dieser Unterton jedoch durch die vielen unterschiedlichen Stimmungen von all den Instrumenten der Musik der Natur verborgen und gedämpft. Jedes Wesen wird durch das Leben an die Oberfläche des Seins getragen und kehrt am Ende wieder dorthin zurück, wo es herkam – denn jeder Ton kehrt wieder zurück in den Ozean des Klangs. Der Unterton dieser Existenz ist der lauteste und der leiseste, der höchste und der tiefste. Er übertönt alle leisen oder lauten, hohen oder tiefen Töne der Instrumente, bis allmählich alle wieder mit ihm zusammenlaufen. Der Unterton erklingt unablässig und wird immer bleiben.

Das Geheimnis des Klangs wird Mystik genannt, die Harmonie des Lebens ist die Religion. Das Wissen über Schwingungen wird als Metaphysik bezeichnet, die Analyse der Atome als Wissenschaft; ihre harmonische Anordnung ist die Kunst. Der Rhythmus der Form ist Poesie und der Rhythmus des Klangs ist Musik. All dies macht deutlich, dass die Musik die Kunst der Künste und die Wissenschaft aller Wissenschaften ist, ihr entspringt die Quelle allen Wissens.

Musik wird als göttliche oder himmlische Kunst bezeichnet, nicht nur weil sie in Religion und Andacht Anwendung findet und sie an sich eine universelle Religion darstellt, sondern aufgrund ihrer Feinheit im Vergleich mit anderen Künsten und Wissenschaften. Jede heilige Schrift, jedes heilige Bild, jedes gesprochene Wort hinterlässt ein Abbild seiner Identität auf dem Spiegel der Seele; einzig Musik steht vor der Seele, ohne irgendeinen Abdruck von Name oder Form dieser Welt der Dinge zu hinterlassen, und bereitet so die Seele darauf vor, das Unendliche zu erkennen.

Die Sufis nennen Musik im Anerkennen dieser Tatsache *ghiza-i ruh:* Seelennahrung. Sie nutzen sie als Quelle spiritueller Vollkommenheit, denn Musik facht das Feuer des Herzens an, und die daraus aufsteigende Flamme erleuchtet die Seele.

Musik bereichert ihre Meditationen mehr als irgendetwas sonst. Ihre andächtige und meditative Einstellung macht sie für Musik empfänglich, denn sie unterstützt sie bei ihrer spirituellen Entfaltung. Mithilfe von Musik befreit sich das Bewusstsein zuerst vom Körper und dann auch vom Verstand. Wenn dies erreicht ist, ist es nur noch ein Schritt, um spirituelle Freiheit zu erlangen.

Die Sufis aller Zeitalter, in welchem Land sie auch lebten, hatten reges Interesse an Musik. Besonders Rumi[22] in seiner großen Hingabefähigkeit, wendete diese Kunst an. Er lauschte den Versen der Mystiker über Liebe und Wahrheit, die von den *qawwals*[23], den Musikern, von Flötenklängen begleitet, gesungen wurden.

Mystiker und Sufis visualisieren das Objekt ihrer Anbetung in ihrem Geist, der sich im Spiegel ihrer Seele reflektiert. Wir alle haben ein Herz als Vermittler der Empfindung, auch wenn es nicht bei allen ein lebendiges Herz ist. Die Sufis machen dieses Herz lebendig. Sie geben ihren intensiven Gefühlen in Tränen und Seufzern eine Möglichkeit zu fließen. Deshalb fallen aus den Wolken des *jalal*[24] – der durch ihre psychische Entwicklung angesammelten Kraft – Tränen wie Regentropfen. Der Himmel ihrer Herzen wird dadurch klar und erlaubt der Seele zu strahlen. Diesen Zustand nennen sie heilige Ekstase.

Seit der Zeit von Rumi ist Musik ein Teil der Andacht im Mevlevi-Orden[25]. Die Massen im Allgemeinen haben in ihrer engen, orthodoxen Sichtweise die Sufis ausgestoßen und sie wegen ihrer Gedankenfreiheit bekämpft. Sie missinterpretierten dabei die Lehren des Propheten, der den Missbrauch von Musik

---

22 Jalal ad-Din Rumi (1207-1273), persischer Mystiker

23 Qawwal: spiritueller Musiker. Qawwali ist devotionale Sufimusik, ursprünglich aus Persien, heute vor allem in Punjab und Pakistan. Qaul-Allah – das Wort Gottes (offizielle Bezeichnung des Koran).

24 Jalal: maskuline oder Yang-Kraft, Herrlichkeit

25 Mevlevi-Orden: Der Sufiorden, der auf Mevlana Jalal ad-Din Rumi zurückgeht

verbot, nicht die Musik im wahren Sinn des Wortes. Aus diesem Grund entwickelten die Sufis eine Musiksprache, damit nur die Eingeweihten die Bedeutung der Lieder verstehen konnten. Im Osten hören viele diese Lieder und genießen sie, auch wenn sie nicht verstehen, was sie bedeuten.

Ein Zweig dieses Ordens kam in früheren Zeiten nach Indien und wurde dort als die Chishti-Schule der Sufis bekannt. Durch Khwaja Muinuddin Chishti[26], einem der größten Mystiker, den die Welt kennt, stieg sie zu großem Ruhm auf. Es wäre keine Übertreibung zu sagen, dass er tatsächlich durch Musik lebte, und bis zum heutigen Tag, wo doch sein Körper bereits seit vielen Jahrhunderten in seinem Grab in Ajmer liegt, wird an seinem Schrein von den besten Sängern und Musikern des Landes ständig Musik gespielt. Dies zeigt die Herrlichkeit eines mit Armut geschlagenen Weisen im Vergleich mit der Armut eines herrlichen Königs: Der eine hatte während seines Lebens alle vergänglichen Dinge, die mit dem Tod nichtig wurden; die Herrlichkeit des Weisen hingegen wächst beständig. Bis heute ist Musik in der Chishti-Schule vorherrschend. Die Mitglieder halten dort musikalische Versammlungen ab, die *sama'* oder *qawwali* genannt werden. Dazwischen meditieren sie über das Ideal, das sie lieben und das ihrem Entwicklungsgrad entspricht. Indem sie Musik hören, verstärken sie das Feuer ihrer Hingabe.

Wajd, die heilige Ekstase, die die Sufis regelmäßig in der sama erleben, könnte man die Vereinigung mit dem Ersehnten nennen. Diese Vereinigung erleben die Sufis in den Stadien ihrer Entwicklung unterschiedlich; sie hat drei Stufen: Zunächst ist da die Vereinigung mit einem verehrten Ideal auf der Erde, das den Liebenden direkt zugänglich ist, entweder aus der Sachwelt oder aus der Gedankenwelt. Das Herz der Liebenden wird beim Hören

26 Muinuddin Chishti (1141-1230/36) kam 1193 nach Delhi und ließ sich später in Ajmer nieder.

von Musik fähig, voller Liebe, Bewunderung und Dankbarkeit das Ideal zu visualisieren.

Die zweite Stufe der Ekstase, also ein höherer Aspekt der Ekstase, ist die Vereinigung mit der Schönheit der Wesensart des Ideals, unabhängig von dessen Form. Das Loblied auf das Wesen des Ideals lässt die Liebe der Verehrer hervorsprudeln und überfließen.

Die dritte Stufe der Ekstase ist die Vereinigung mit der oder dem göttlichen Geliebten, dem höchsten Ideal, das über die Begrenzungen von Name und Form, Tugend und Leistung hinausgeht. Diese Vereinigung wurde bereits unaufhörlich in allem erstrebt, nun hat die Seele sie endlich gefunden. Die Freude dabei ist nicht in Worten zu fassen. Wenn die Worte von Seelen, die die Vereinigung mit dem oder der göttlichen Geliebten erreicht haben, für diejenigen gesungen werden, die den Weg der göttlichen Liebe gehen, erkennen diese, dass in den Versen all die Zeichen des Weges beschrieben werden, und das gibt ihnen großen Trost. Die Verherrlichung des Einen, das ihr Ideal, und doch so anders wie das allgemeine Ideal der Welt ist, erfüllt sie mit unaussprechlicher Freude.

Ekstase zeigt sich auf unterschiedliche Weise. Manchmal fließen Tränen, manchmal entsteht ein Seufzer, und manchmal drückt sie sich als raqs, als Bewegung aus. All dies wird von den Anwesenden bei einer Sama-Versammlung mit Respekt und Ehrerbietung betrachtet, denn Ekstase wird als göttliche Glückseligkeit angesehen. Die Seufzer der Liebenden öffnen ihnen den Weg in die unsichtbare Welt und ihre Tränen waschen die Vergehen ganzer Zeitalter fort. Jede Offenbarung ist eine Folge von Ekstase, und all das Wissen, das nie in einem Buch stehen und das keine Sprache je ausdrücken und das kein Lehrer lehren könnte, kommt von selbst zu ihnen.

ABSTRAKTER KLANG

ABSTRAKTER KLANG

Abstrakter Klang wird bei den Sufis *sawt-i sarmadi* genannt. Der ganze Raum ist erfüllt von ihm. Die Schwingungen dieses Klangs sind zu fein, um durch unsere physischen Ohren und Augen wahrgenommen zu werden, wo es doch schon schwierig für die Augen ist, auch nur die Formen und Farben der ätherischen Schwingungen auf der äußerlichen Ebene zu erkennen. Es war dieser *sawt-i sarmadi,* der Klang des Abstrakten, den Mohammed in der Höhle Ghar-i Hira[1] hörte, als er in seinem Gottesbild aufging.

Der Koran bezieht sich auf diesen Klang in den Worten „Sei! – und alles wurde".[2] Moses hörte auf dem Berg Sinai in der Kommunion mit Gott[3] genau diesen Klang; auch Christus hörte dieses Wort, als er in der Wüste in seinem Himmlischen Vater aufging. Shiva hörte denselben *anahad nada*[4] im Samadhi in seiner Höhle im Himalaja. Die Flöte Krishnas ist, allegorisch gesehen, ein Symbol für diesen Klang. Dieser Klang ist die Quelle aller Offenbarungen, die den Meistern von innen heraus geschenkt wurde, und deshalb kennen und lehren sie alle ein und dieselbe Wahrheit.

---

1 Ghar-i Hira: Die Höhle, in der Mohammed die ersten Offenbarungen durch den Erzengel Gabriel erhielt, einige Kilometer nordöstlich von Mekka, im Jabal al Nour (Berg des Lichts).

2 Koran 2:117

3 Exodus 3:14

4 Anahad nada: (Hindi): vorewiger ursprünglicher Klang. Er existiert, ohne dass zwei Objekte zusammenstoßen. Der Klang des Kosmos, der Raum und Zeit übersteigt.

Die Sufis wissen von der Vergangenheit, Gegenwart und Zukunft sowie von allen Dingen des Lebens, weil sie die Richtung des Klangs erkennen können. Jeder Aspekt unseres Wesens, in dem sich Klang manifestiert, hat einen besonderen Effekt auf das Leben, denn die Aktivität der Schwingungen hat in jeder Richtung eine eigene Wirkung. Wer das Geheimnis des Klangs kennt, kennt das Mysterium des ganzen Universums. Alle, die der Melodie dieses Klanges folgten, vergaßen sämtliche irdischen Unterschiede und Unterscheidungen und kamen an dasselbe Ziel – die Wirklichkeit – in der sich alle Seligen Gottes vereinen.

Der Raum ist sowohl innerhalb des Körpers als auch um ihn herum. Mit anderen Worten: Der Körper ist im Raum und der Raum ist im Körper. Der abstrakte Klang tönt unaufhörlich in, über und um uns herum. Normalerweise hören wir ihn nicht, weil sich unser Bewusstsein vollständig auf die materielle Existenz ausrichtet. Wir werden von den Erfahrungen durch unseren Körper in der äußeren Welt so absorbiert, dass uns der Raum mit all seinen Licht- und Klangwundern leer erscheint. Das können wir leicht verstehen, wenn wir das Wesen der Farben genauer betrachten: Es gibt viele Farben, die, einzeln betrachtet, sehr klar unterscheidbar sind; werden sie jedoch mit anderen, noch strahlenderen gemischt, werden sie insgesamt dunkler. Selbst strahlende Farben werden, wenn sie mit Gold, Silber, Diamanten oder Perlen bestickt werden, zum bloßen Hintergrund für die schillernde Stickerei. So ist es auch mit dem abstrakten Klang und seiner Beziehung zu den Klängen der äußeren Welt. Die begrenzte Reichweite der irdischen Klänge macht sie so konkret, dass sie den Effekt des abstrakten Klanges auf den Hörsinn dämpft, obwohl die Klänge der Erde im Vergleich dazu wie die einer Flöte zu einer Trommel sind. Wenn der abstrakte Klang hörbar ist, werden alle anderen Klänge für die Mystiker undeutlich.

In den Veden wird der abstrakte Klang *anahad* genannt, was „unbegrenzter Klang“ bedeutet. Die Sufis nennen ihn *sarmad*, was auf Berauschung hinweist. Das Wort Berauschung meint hier Erhebung, die Ungebundenheit der Seele an die Erde. Wer *sawt-i sarmadi* hören kann und darauf meditiert, ist von allen Bedenken, Befürchtungen, Sorgen, Ängsten und Krankheiten befreit; die Seele ist frei vom Gefängnis der Sinne im physischen Körper. Die Seele der Lauschenden wird zum allgegenwärtigen Bewusstsein, das innere Wesen zur Energiequelle, die das ganze Universum in Bewegung hält. Manche üben sich darin, den sawt-i sarmadi in der Einsamkeit am Ufer des Meeres oder der Flüsse, auf Hügeln oder in Tälern zu hören. Andere erreichen dies, indem sie in Berghöhlen sitzen oder in dem sie lange Zeit durch Wälder und Wüsten wandern und sich in der Wildnis von der Verfolgung durch die Menschen fernhalten. Yogis und Asketen blasen das *singh* (ein Horn) oder das *shanka* (Muschelhorn), die in ihnen diesen inneren Ton erwecken. Derwische spielen zum gleichen Zweck die *ney* (Bambusflöte) oder *alghoza* (Doppelflöte). Die Glocken und Gongs in den Kirchen und Tempeln sollen die Andächtigen auf denselben heiligen Klang hinweisen und sie so dem inneren Leben näherbringen.

Dieser Klang entfaltet sich in zehn verschiedenen Arten, denn er drückt sich durch zehn verschiedene Kanäle im Körper aus. Er klingt wie Donner, das Brausen des Meeres, Glockenklingeln, fließendes Wasser, Bienensummen, das Tschilpen von Spatzen, der Klang der vina, der Flöte oder des *shankha,* bis er schließlich zum *Hu*[5] wird, dem heiligsten aller Klänge. Hu ist der Anfang und das Ende aller Klänge, ganz gleich, ob sie nun von Menschen, Vögeln, Vierbeinern oder Dingen erzeugt werden. Bei genauerer Untersuchung wird diese Tatsache binnen einer Minute belegt, wenn wir zum Beispiel den Geräuschen einer Dampfmaschine oder einer Fräse zuhören. Der Hall von Glocken und Gongs veranschaulicht den Klang Hu ganz typisch.

5 Hu (arabisch): „er“ oder „er/sie“ = Gott. Der Klang des Atems selbst.

Das höchste Sein wurde in den verschiedenen Sprachen unterschiedlich benannt, die Mystiker aber kannten Gott als Hu, dem natürlichen Namen, nicht von Menschen gemacht; der einzige Name des Namenlosen, den die ganze Natur ständig erklingen lässt. Der Laut Hu ist höchst heilig: Er wurde von den Mystikern aller Zeitalter *ism-i azam*[6], der Name des Allerhöchsten, genannt, denn er ist sowohl der Ursprung als auch das Ende jeden Klanges sowie die Grundlage jeden Wortes. Das Wort Hu ist der Geist aller Klänge und aller Worte und ist in ihnen allen verborgen, wie der Geist im Körper. Hu gehört zu keiner Sprache, aber alle Sprachen gehören zu ihm. Dies allein ist der wahre Name Gottes, ein Name, den kein Volk und keine Religion für sich beanspruchen kann. Dieses Wort wird nicht nur von Menschen ausgesprochen, sondern auch von Säugetieren und Vögeln wiedergegeben. Alle Dinge und Lebewesen rufen diesen Namen des Herrn, denn jede Lebensaktivität drückt diesen Klang hörbar oder unhörbar aus. Es ist das Wort, das in der Bibel erwähnt wird und das schon vor dem Entstehen des Lichtes existierte: „Am Anfang war das Wort, und das Wort war bei Gott, und das Wort war Gott."[7]

Denjenigen, die auf dem Einweihungspfad wandeln, wird das Geheimnis des Hu offenbart. Wahrheit, das Wissen von Gott, wird von den Sufis *haqq* genannt. Wenn wir das Wort *haqq* in zwei Teile teilen, wird es zu *hu aqq,* wobei *hu* „Gott", oder „das Wahre, Wirkliche" bezeichnet und *aqq (ek)* in Hindustani „eins" bedeutet. Beide zusammen bedeuten „ein Gott" und „eine Wirklichkeit". *Haqiqat* bedeutet im Arabischen „essenzielle Wahrheit", *hâkim* heißt „Meister", und hakîm heißt „Allwissender". All diese Worte sind Ausdruck der essenziellen Charakteristika des Lebens.

Alakh ist das heilige Wort, das die vairagis, die Adepten Indiens, in ihren heiligen Gesängen ausrufen. Im Wort *Alakh*

6 Ism-i azam (arabisch): „großer Name", ein Name Gottes

7 Johannes 1:1

stecken zwei Worte: Al, was „von“ heißt und *haqq*, „die Wahrheit, die Wirklichkeit“. Beide Worte zusammen bedeuten: „Gott, die Quelle, der alles entspringt“.

Der Laut Hu wird im Wort *ham* begrenzt, denn der Laut *m* verschließt die Lippen. Dieses Wort drückt in Hindustani Begrenzung aus: *Ham* bedeutet „ich“ oder „wir“; beide Wörter kennzeichnen das Ego. Das Wort *hamsa* ist das heilige Wort der Yogis, und erleuchtet das Ego mit dem Licht der Wirklichkeit. Im Persischen steht das Wort *huma* für einen legendären Vogel. Es heißt, dass wir dereinst zu Königen werden, wenn der Huma-Vogel einen Moment lang auf unserem Kopf sitzt – dies meint, dass wir zu Königen oder Königinnen werden, wenn unsere Denkweise so fortgeschritten ist, dass sie alle Begrenzungen überwindet. Aufgrund der Begrenzung der Sprache bezeichnen wir das Höchste als König. Die alten Traditionen besagen, dass Zarathustra vom Huma-Baum entsprang. Die Worte der Bibel erklären es so: „Wenn jemand nicht aus Wasser und Geist geboren wird, kann er nicht in das Reich Gottes eingehen.“[8]

Im Wort *huma* stellt *hu*, den Geist dar, und das Wort *ma‘* bedeutet im Arabischen „Wasser“. Im Englischen bezeichnet das Wort human zwei Tatsachen, die für die Menschheit charakteristisch sind: *Hu* bedeutet „Gott“, *man* heißt *mind* (Gemüt, Geist). Dieses Wort kommt aus dem Sanskrit *mana*. Mind bezeichnet hier den gewöhnlichen Menschen. Beide Worte zusammen drücken die Idee vom gottesbewussten Menschen aus.

Anders gesagt, *Hu*, Gott, ist in allen Dingen und Wesen. Durch die Menschheit aber wird Gott erkannt. *Human* bedeutet also „Gottesbewusstsein“, „Gotterkenntnis“ oder „Gott-Mensch“. Das Wort *hamd* heißt „Lobpreis“, *hamid* „preisenswert“ und *Mohammed* „voller Lobpreis“. Der Name des Propheten des Islam drückt seine innere Einstellung zu Gott aus.

---

8 Johannes 3:3-5

Hur heißen auf Arabisch die „Schönheiten des Himmels“. Die wahre Bedeutung ist der Ausdruck himmlischer Schönheit. *Zuhur* heißt im Arabischen „Manifestation“, besonders diejenige Gottes in der Natur.

Die Zoroastrier kennen Gott unter dem Namen *Ahura Mazda*. Im ersten Wort *Ahur* weist *Hu* auf dasjenige hin, worauf das ganze Wort beruht. All diese Beispiele weisen auf den Ursprung Gottes im Wort Hu hin sowie auf das Leben Gottes in allem und allen.

Hayy bedeutet auf Arabisch „der oder die Immerwährende“, *hayah* bedeutet „Leben“. Beide Worte weisen auf die ewige Natur Gottes hin. Das Wort *haul* weist auf die Idee der Allgegenwart hin, und *hawa* ist der Ursprung des Namens „Eva“, der symbolisch für Manifestation steht. Da Adam symbolisch für Leben steht, werden Adam und Eva in Sanskrit Purusha und Prakriti genannt.

Jehova ist eigentlich Yahuva, dessen Ursprung war *Yahu,* wobei *ya* so etwas wie „Oh“ bedeutet und *Hu* für Gott steht. Das *a* stellt die Manifestation dar. Hu ist der ursprüngliche Klang; wenn dieser seine erste Form auf der äußeren Ebene annimmt, wird er zu a. Deshalb werden *Alif*[9] oder *Alpha*[10], als die erste Ausdrucksform von *Hu,* dem ursprünglichen Wort, angesehen. Im Sanskrit beginnen, wie bei allen anderen Sprachen auch, das Alphabet und der Name Gottes mit a. Das Wort a bedeutet im Englischen „ein“ oder „erste/r“; das Zeichen des *Alif* bedeutet sowohl „eins“ als auch „erste/r“. Um den Buchstaben *a* auszusprechen, müssen wir weder Zunge noch Zähne zu Hilfe nehmen, und im Sanskrit heißt *a* immer „ohne“.

Das *a* wird an die Oberfläche gehoben, wenn sich die Zunge aufrichtet und den Gaumen berührt, um den Buchstaben *l*

---

9 Alif: erster Buchstabe im arabischen Alphabet
10 Alpha: erster Buchstabe im griechischen Alphabet

(lam)[11] auszusprechen, wobei dieser Klang im *m (mim)*[12] endet, dessen Aussprache die Lippen verschließt. Diese drei essenziellen Buchstaben des Alphabets bilden daher im Mysterium des Koran das Wort *alm* (,ilm), was „Wissen" bedeutet. *,Alim* hat seinen Ursprung ebenfalls dort und bedeutet „Wissende/r". Adam bedeutet „Zustand" oder „Gegebenheit", also die Existenz, die bekannt ist.

Wenn *alif,* der erste, und *lam,* der mittlere Buchstabe, zusammengebracht werden, bilden sie das Wort *al,* was im Arabischen „von" bedeutet. Es kann als „das Letztere stammt vom Vorherigen ab" interpretiert werden. Im Englischen weist *all* (alles) auf die vollständige oder absolute Natur der Existenz hin.

Das Wort *Allah,* das im Arabischen Gott bedeutet, können wir, wenn wir es in drei Teile teilen, so interpretieren: „das Eine, das aus dem Nichts entstand". *El* oder *Ellah* haben die gleiche Bedeutung wie Allah. Die Worte *Eloi, Elohim* und *halleluja,* die wir in der Bibel finden, sind von *Allah-Hu* abgeleitet.

Die Worte *om, omen, amen* und *amin,* die in allen Gebetshäusern gesprochen werden, haben den gleichen Ursprung. *A* am Anfang eines Wortes drückt etwas Beginnendes aus, *m* in der Mitte bezeichnet das Ende. Das *n* am Ende des Wortes ist ein Echo des m, denn *m* endet ganz natürlich in einem Nasalklang. Seine Bildung weist auf Leben hin.

Das Wort *ahad,* was „Gott, das Einzige Wesen" bedeutet, beinhaltet zwei Bedeutungen. *A* heißt im Sanskrit „ohne"; *had* heißt in Prakrit[13] „Begrenzung". Das Persische Wort *khuda* kommt von *hadd,* was auf „die Grenze und das Ende aller Dinge in Gott" hindeutet. Es kommt von derselben Quelle wie die Worte *wahdat, wahdaniat, hadi, huda* und *hidayat.*

---

11 Lam (arabisch): der Name des Buchstabens l im Alphabet

12 Mim (arabisch): der Name des Buchstabens m im Alphabet

13 Prakrit (natürlich): alte indische Sprache des Volkes, neben dem Sanskrit (kultiviert), das für heilige Texte verwendet wurde.

Wahdat heißt „Bewusstheit des Selbstes an sich“; *wahdaniat* ist das „Wissen des Selbst“; *hadi* „der, die Führer/in“; *huda* „anleiten, führen“; *hidayat* bedeutet „Führung“.

Je mehr wir dem *sawt-i sarmadi,* dem abstrakten Klang lauschen, desto freier wird unser Bewusstsein von allen Einschränkungen des Lebens. Die Seele schwebt, ohne besondere Anstrengung vonseiten des Menschen, über der physischen und gedanklichen Ebene, was auf ihren ruhigen und friedlichen Zustand hinweist. Man bekommt träumerische Augen und das Gesicht strahlt. Man erlebt die überirdische Freude und die Verzückung des *wajd,* der Ekstase. Wenn die Ekstase uns überwältigt, sind wir uns weder der physischen Existenz noch des Geistigen bewusst. Auf diesen himmlischen Wein beziehen sich alle Sufi-Dichter, er ist gänzlich anders als der momentane Rausch auf dieser sterblichen Ebene. Dann erfasst eine himmlische Seligkeit das Herz. Ihr Gemüt ist von der Sünde gereinigt, ebenso wie ihr Körper von allen Unreinheiten, und der Weg in die unsichtbare Welt liegt offen vor ihnen. Sie fangen an, ohne die geringste eigene Anstrengung Inspirationen, Intuitionen, Ahnungen und Offenbarungen zu empfangen. Sie sind nicht länger abhängig von Büchern oder Lehrern, denn die göttliche Weisheit, das Licht der Seele, der Heilige Geist beginnen über ihnen zu leuchten.

„Durch das Licht der Seele erkenne ich, dass die Schönheit der Himmel und die Großartigkeit der Erde der Widerhall Deiner magischen Flöte (Zauberflöte) sind.“[14]

14 Sharif: Heiliger Dichter aus Shishunal in Indien (1819-1889), der Hinduismus und Islam unentwirrbar miteinander verband.

ÜBER DEN AUTOR

Hazrat Inayat Khan wurde 1882 in Baroda, Indien, in die Familie des bedeutenden Musikwissenschaftlers Maula Bakhsh geboren. Schon als Kind erhielt er eine Ausbildung in klassischer hindustanischer Musik und wurde bereits in jungen Jahren Musikprofessor. Auf ausgedehnten Reisen durch den indischen Subkontinent gewann er große Anerkennung an den Höfen der Maharadschas. In Würdigung seiner außergewöhnlichen künstlerischen Leistungen verlieh ihm der Nizam von Hyderabad den Titel Tansen-uz-Zaman, was bedeutet, dass er in seinem Alter das war, was der Tansen in der Mogulzeit gewesen war: der hellste Stern am musikalischen Firmament.

Inayat Khan reiste 1910 als Musiker und Musikpädagoge in die westliche Welt. Sein Sufi-Lehrer, Sayyid Abu Hashim Madani, hatte ihn gesegnet und gesagt: „Geh in die Welt, mein Kind, und vereinige Ost und West mit der Harmonie deiner Musik". Auf einer Tournee durch die Vereinigten Staaten und Europa bauten Inayat Khan und seine Brüder (zusammen bekannt als „The Royal Musicians of Hindustan") eine musikalische Brücke zwischen Orient und Okzident.

Als sich der Kreis seiner Schülerschaft sowohl in Europa als auch in den Vereinigten Staaten erweiterte, gab Inayat Khan seine

Musiklaufbahn auf, um seine volle Aufmerksamkeit dem um ihn herum aufblühenden Sufi-Orden zu widmen. Er erklärte dazu:

„Ich gab meine Musik auf, weil ich von ihr alles erhalten hatte, was ich erhalten sollte. Um Gott zu dienen, muss man das opfern, was einem am liebsten ist; und so habe ich meine Musik geopfert. Ich hatte Lieder komponiert, ich sang und spielte die Vina, und indem ich diese Musik spielte, erreichte ich eine Ebene, wo ich die Musik der Sphären berührte. Da wurde jede Seele für mich zu einem Ton, und alles Leben wurde Musik. Inspiriert davon, sprach ich mit den Menschen, und diejenigen, die von meinen Worten angezogen wurden, hörten auf diese, anstatt auf meine Lieder zu hören. Wenn ich heute etwas tue, dann stimme ich Seelen statt Instrumente, ich harmonisiere Menschen anstelle von Tönen.

Das, was meine Philosophie ausmacht, ist das Gesetz der Harmonie. Das besagt, sich mit sich selbst und anderen in Einklang zu bringen."

Im September 1926 kehrte Inayat Khan nach Indien zurück. Am 5. Februar 1927 starb er und wurde in New Delhi beigesetzt.

Ritterschaft des Herzens

Regeln für ein aufrechtes Leben

Kompass für eine Ethik der Achtsamkeit

Wie können wir die Welt, was auch immer geschieht, mit wachem Blick betrachten und den Herausforderungen des Lebens nicht nur in schwierigen Zeiten begegnen? Wie finden wir Wege, gesellschaftlich wieder mehr zusammenzuwachsen? Was kann uns dabei helfen? Eine moderne ritterliche Ethik der Achtsamkeit.

Die 40 Regeln der Ritterlichkeit sind wie ein Blick in den Spiegel, der hilft, ethisches Verhalten zu üben und in unsere Beziehungen zu allen Wesen und uns selbst Achtsamkeit zu bringen. Neben jahrtausendealten Werten wie Gerechtigkeit, Fairness, Ausgewogenheit, Maßhalten, Mut, Weisheit und Großzügigkeit rückt heute die Achtung gegenüber allem Leben sowie eine universale Verantwortung in den Fokus.

Wer mit Sorgfalt und wacher Aufmerksamkeit mit den 40 Regeln arbeitet, kultiviert diese scheinbar selbstverständlichen ethischen Prinzipien und findet dabei noch ein weites Feld für Selbsterforschung und persönliche Entwicklung.

Dieses Set mit 40 Karten und Buch ist der Schriftstellerin, Musikerin und Widerstandskämpferin Noor Inayat Khan gewidmet.

Ritterschaft des Herzens | SET

40 Regeln für ein aufrechtes Leben

Gebundenes 185-seitiges Begleitbuch, 40 Karten mit Kartenhalter und Stülpschachtel

Verlag Heilbronn 2021 | ISBN 978-3-936246-40-7

Ritterschaft des Herzens | Buch

40 Regeln für ein aufrechtes Lebens

Alternativ zum Karten-/Buchset sind die 40 Regeln auch eigenständig nur als schön gestaltetes und gebundenes Buch erhältlich. Der Inhalt ist identisch mit dem Begleitbuch des Sets.

Verlag Heilbronn 2021 | ISBN 978-3-936246-46-9

Centennial Edition

Hazrat Inayat Khan

13-bändige Jubiläumsausgabe

VERLAG HEILBRONN

Band 1 – Das innere Leben

Die Bücher der Sufi-Lehren sind ein kostbarer Schatz.

Der erste Band beinhaltet folgende 4 Bücher:

Das innere Leben
Die Seele – woher und wohin
Der Sinn des Leben
Der Weg der Erleuchtung

Verlag Heilbronn 2018 | 477 S. | ISBN 978-3-936246-34-6

Band 2 – Die Mystik des Klangs

Wer das Geheimnis des Klangs kennt,
kennt das gesamte Universum.

Der zweite Band beinhaltet folgende 4 Bücher:

Die Mystik des Klangs • Musik
Die Macht des Wortes
Die Sprache des Kosmos

Verlag Heilbronn 2019 | 323 S. | ISBN 978-3-936246-39-1

Band 3 – Die Kunst der Persönlichkeit

Persönlichkeit ist die Weiterentwicklung der Individualität.

Der dritte Band beinhaltet folgende 6 Bücher:

Die Entwicklung des Charakters
Die Kunst der Persönlichkeit • Ethik
Bewusstsein und Persönlichkeit
Kunst, Künstlerinnen und Künstler
Die Kunst der Musik

Verlag Heilbronn 2020 | 288 S. | ISBN 978-3-936246-44-5

Band 4 – Heilung und die Welt des Geistes

Gesundheit • Heilung • Mentale Reinigung • Die Welt des Geistes

Verlag Heilbronn 2022 | 415 S. | ISBN 978-3-936246-47-6

Es ist geplant, alle ein bis zwei Jahre einen der 13 Bände herauszubringen.
Jeweils aktuelle Informationen finden Sie unter: www.verlag-heilbronn.de

Hazrat Inayat Khan

Bücher für Menschen auf dem inneren Weg

Die Harmonie der Welt

Wie wir miteinander leben

Grundlegend für die mystische Vision des Lebens ist die Einsicht, dass das ganze Universum einen einzigen Körper bildet. Aus dieser Perspektive ist alles mit allem anderen in einem komplexen und dynamischen Muster miteinander verknüpft.

Die Seele – woher und wohin

Die Reise der Seele

Hazrat Inayat Khan beschreibt den Weg der Seele, die sich als ein Lichtstrahl aus der Einheit Gottes löst, sich ein Gewand aus Gedanken und Gefühlen zulegt und dann einen physischen Körper, um den Zweck der Schöpfung zu erfüllen, alles mit göttlichem Bewusstsein zu durchdringen.

Die Gathas – Weisheit der Sufis

Lehren für seine Schülerinnen und Schüler

Ursprünglich waren die Gathas für die Innere Schule der Sufi-Bewegung bestimmt.
Sie enthalten Anleitungen zu sieben verschiedenen Themen: Aberglaube, Bräuche und Volksglaube; Einsicht; Symbolik; Atem; Kultivierung des Herzens; Alltagsleben und Metaphysik.

Meisterschaft

Spirituelle Verwirklichung in dieser Welt

Viele Leserinnen und Leser halten das Buch „Meisterschaft" von Hazrat Inayat Khan für eines der hilfreichsten Werke seiner Lehren. Erfolgreich zu sein in weltlichen Angelegenheiten wird in diesem Band nicht als ein Hindernis auf dem spirituellen Pfad betrachtet.

Heilung aus der Tiefe der Seele

Mystik und geistige Heilung

In diesem Buch geht es vor allem darum, innerlich zur Ruhe zu kommen, das wahre Selbst in uns von falschen Identifikationen zu lösen und zu befreien, um es dann zu verwirklichen. Das wahre Selbst ist frei von jeglichen Krankheiten und Traumen, da es immer heil und göttlich ist

Hazrat Inayat Khan

Mystische Texte

VERLAG
HEILBRONN

Musik - Aus mystischer Sicht

„Alle Formen der Natur, z. B. die Blumen, sind vollkommen in Form und Farbe; die Planeten, die Sterne und die Erde vermitteln uns die Vorstellung von Harmonie, von Musik. Die ganze Natur atmet ... und das Zeichen des Lebens, das diese lebende Schönheit gibt, ist Musik."

Das innere Leben

Den Sinn des Lebens verwirklichen

„Die genaue Bedeutung des inneren Lebens besteht darin, dass wir nicht nur in unserem Körper leben, sondern auch in unserem Herzen und unserer Seele." Hazrat Inayat Khan

Taschenbuchreihe Mystische Texte Band 1

Gebet – Atem der Seele

Das Gebet ist die unmittelbarste Kommunikation des Menschen mit Gott. Es ist die geheimnisvollste und innerste Verbindung zwischen uns Menschen und dem schöpferischen Universum. Mit den hier vorgestellten interreligiösen Gebeten ist das Buch ein täglicher spiritueller Begleiter.

Taschenbuchreihe Mystische Texte Band 2

Die Sprache des Kosmos

Das ganze Weltall spricht zu uns

Dieses Buch ist ein Kompass, der aufzeigt, wie wir mit Denken, Vernunft, Wille und Inspiration unsere Intuition schulen und das eigene Herz kultivieren können.

Taschenbuchreihe Mystische Texte Band 3

Charakter und Persönlichkeit

Die verwirklichte Persönlichkeit kann neue Lebensumstände schaffen, anstatt sie zu verschlimmern. Sie weiß, wie sie mit ihrer inneren Welt umgehen kann und welche Aufgaben sie in diesem Leben erfüllen sollte.

Taschenbuchreihe Mystische Texte Band 4

Spiritualität • Mystik

Bücher für Menschen auf dem inneren Weg

VERLAG HEILBRONN

Medizin des Herzens

99 Heilungswege der Sufis

Wali Ali Meyer, Bilal Hyde, Faisal Muquaddam, Shabda Kahn

Das Buch führt in das Herz des Mysteriums der 99 Namen Gottes. Es ist ein Weg, um das Wesen der Grenzenlosigkeit Gottes zu verstehen und das göttliche Potential in jeder Seele zu entdecken. Ein Standardwerk.

Sufibuch des Lebens

99 Meditationen der Liebe | von Neil-Douglasd-Klotz

Die 99 schönsten Namen Gottes stehen für 99 Wege zu innerer Klärung, Harmonie und Verbundenheit mit dem Universum. Die zeitlose Weisheit der Sufis hilft uns, diese Qualitäten im täglichen Leben umzusetzen und das Herz für die Liebe zu öffnen.

365 Tage Sufi-Weisheit

Ein spiritueller Begleiter für jeden Tag

Die Schale des Saki von Hazrat Inayat Khan
Mit Kommentaren von Samuel L. Lewis
Dieses Buch hat eine besondere Bedeutung für unsere Zeit. Die Worte sind Quellen der Kraft und der Besinnung, geben Impulse, nähren die innere Erkenntnis und öffnen das Herz für die Welt.

Gärten der Vision und Initiation

Die Lebensreise von Samuel L. Lewis

von Neil Douglas Klotz

Die Geschichte eines Mystikers, eines Gärtners, eines Sufis, eines Zen-Schülers, eines wahren menschlichen Wesens. Samuel Lewis' spirituelle Praxis wurde durch seine Treffen mit Hazrat Inayat Khan vertieft, doch seine Lehren und seine Weisheit gingen von seiner eigenen visionären Veranlagung aus.

Die Erleuchtung des Schattens

von Moineddin Jablonski

„Ein Buch mit einer feinen Botschaft, die ernsthaft Suchende herausfordern und anregen wird, unabhängig von ethnischem oder religiösem Hintergrund." Muneera Haeri
Es bietet einen einzigartigen Einblick in das Leben eines erleuchteten Mystikers, der im Westen geboren wurde.

Universaler Sufismus

Ein interreligiöser Weg zu spirituellem Wachstum

Ritterliche Tugenden im Alten Orient

Edelmut, Tapferkeit und mystische Suche
von Pir Zia Inayat-Khan

„Ritterliche Tugenden im Alten Orient ist eine geniale Darstellung der Sufi-Lehren, in kunstvoller Weise zum Ausdruck gebracht durch eine Gestalt aus dem tiefsinnigsten der mittelalterlichen Ritterromane rund um den Gral. Eine lohnende Leseerfahrung!“
CARL W. ERNST

König Akbar und seine Tochter

Geschichten aus einer Welt von Noor Inayat Khan

Nacherzählungen großer europäischer Epen wechseln sich ab mit Parabeln, Fabeln und Anekdoten aus allen Himmelsrichtungen. Noor Inayat Khan fügt dieser poetischen Welterzählung auch ihre eigene Stimme, mit eigenen Geschichten und Gedichten hinzu. Kunst- und liebevoll illustriert von Natsuyo Koizumi

Musik und Meditation

von Pir Vilayat Inayat Khan
und Aeoliah Christa Muckenheim

Die Begegnung mit Pir Vilayat Inayat Khan verwandelt das Leben der professionellen Musikerin Aeoliah Christa Muckenheim. Ein Praxisbeispiel über die heilende und transformierende Kraft von Musik und Meditation.

Firos Holterman ten Hove

Das Heilige Buch der Natur – *Spirituelle Ökologie*

Die Seele der Blumen – *Heilende Blüten-Essenzen*

Die Seele der Steine – *Heilende Mineral-Elixiere*

EDITION KALIM – Geschenkbücher

Meditation – Ein Thema für jeden Tag
von Hazrat Inayat Khan und Pir Vilayat Inayat Khan

- **Bird Language**
  von Pir Zia Inayat-Khan
- **Gebet – Atem der Seele**
  von Hazrat Inayat Khan
- **Der Sinn des Lebens**
  von Hazrat Inayat Khan
- **Dem Einen entgegen**
  von Wim van der Zwan

Weitere Informationen erhalten Sie über folgende Links:

Inayatiyya Deutschland e. V.
www.inayatiyya.de

Inayatiyya Österreich
www.inayatiyya.at

Der Inayati Orden Schweiz
www.sufismus.ch

International Sufi Movement
www.sufimovement.org

Sufi-Bewegung Deutschland
www.sufi-bewegung.de

Sufi Ruhaniat International
www.ruhaniat.org

Sufi Ruhaniat Deutschland
www.ruhaniat.de

Tänze des Universellen Friedens
www.friedenstaenze.de

Abrahamic Reunion e. V.
www.abrahamicreunion.org

Musik für Frieden und Völkerverständigung e. V.
www.music-for-peace.net

Förderverein Sufi-Saint-School
www.sufi-saint-school-ev.de

Hope Project
www.hope-project.de

Buch und Mystik e. V .
www.buchundmystik.de

VERLAG HEILBRONN

Verlag Heilbronn
www.verlag-heilbronn.de • info@verlag-heilbronn.de